中公新書 2748

石濱裕美子著

物語 チベットの歴史

天空の仏教国の1400年

中央公論新社刊

目次

第二章　ダライ・ラマ政権の誕生――79

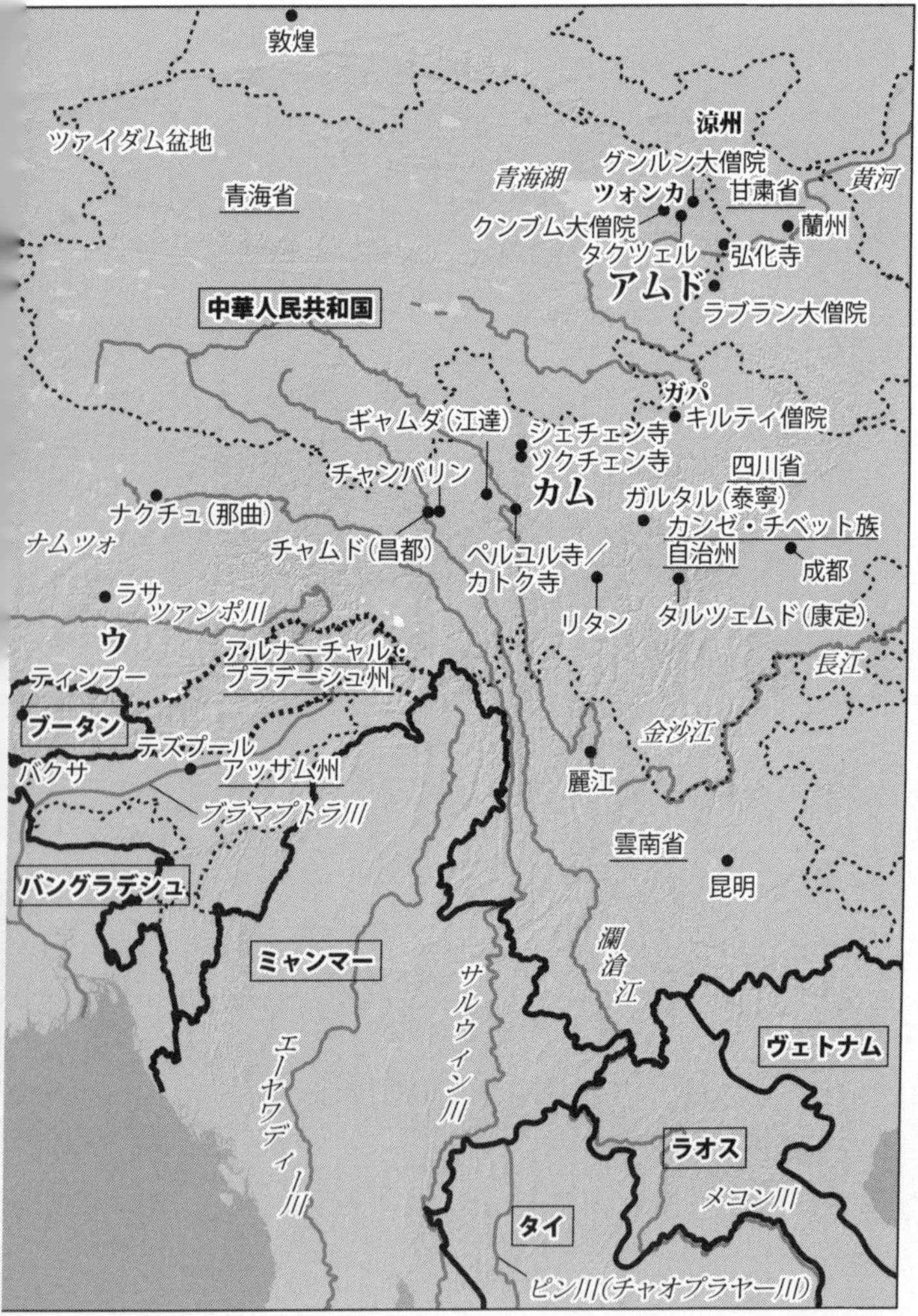

敦煌
ツァイダム盆地
青海省
涼州
青海湖
グンルン大僧院
ツォンカ
甘粛省
黄河
クンブム大僧院
蘭州
タクツェル
弘化寺
アムド
ラブラン大僧院
中華人民共和国
ガパ
キルティ僧院
ギャムダ(江達)
シェチェン寺
ゾクチェン寺
四川省
チャンバリン
カム
ガルタル(泰寧)
ナクチュ(那曲)
カンゼ・チベット族自治州
ナムツォ
チャムド(昌都)
ペルユル寺/カトク寺
成都
ラサ
ツァンポ川
リタン
タルツェムド(康定)
ウ
アルナーチャル・プラデーシュ州
長江
ティンプー
ブータン
金沙江
テズプール
バクサ
アッサム州
麗江
ブラマプトラ川
雲南省
バングラデシュ
昆明
瀾滄江
ミャンマー
サルウィン川
エーヤワディー川
ヴェトナム
ラオス
メコン川
タイ
ピン川(チャオプラヤー川)

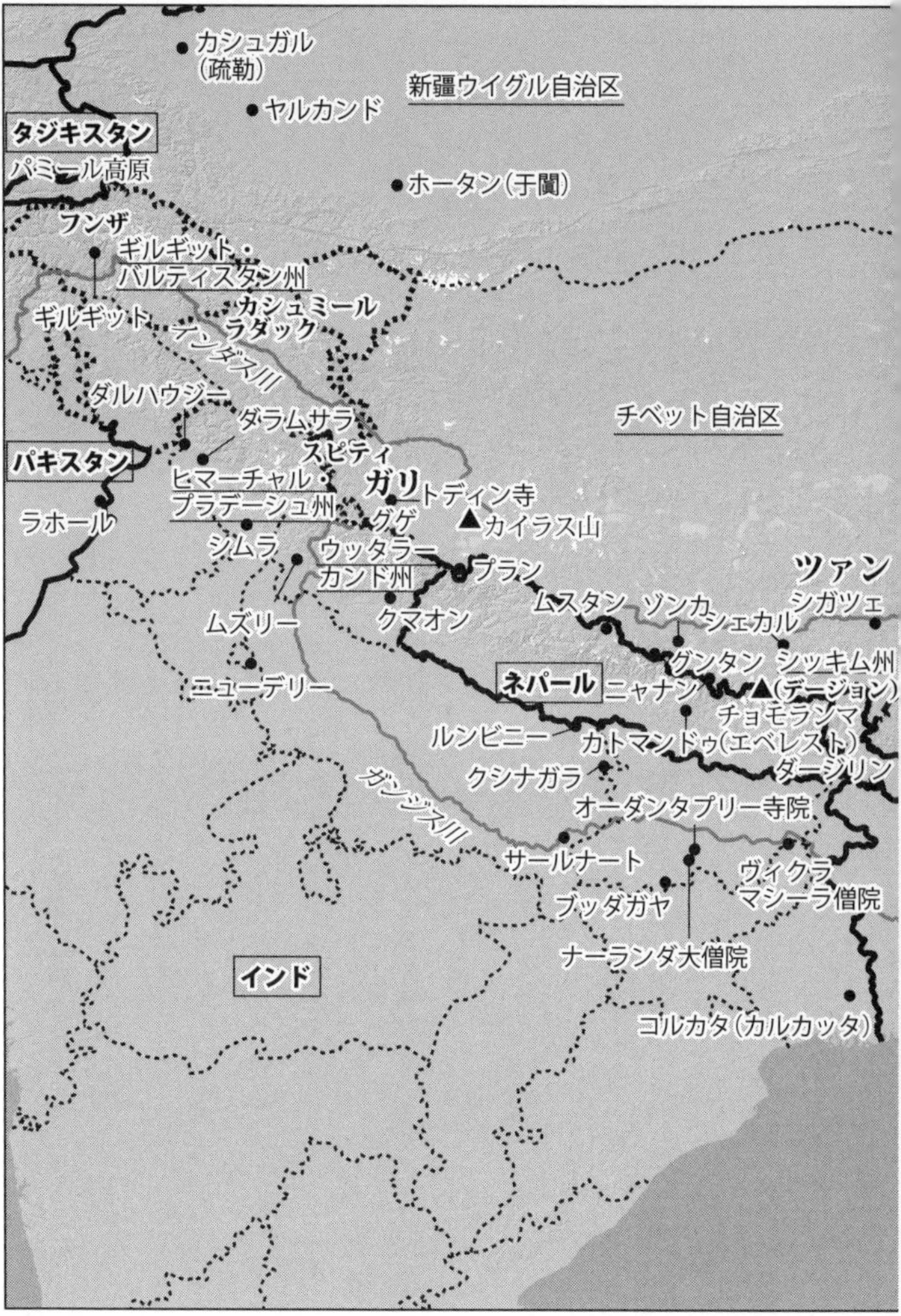
カシュガル
(疏勒)
新疆ウイグル自治区
ヤルカンド
タジキスタン
パミール高原
ホータン(于闐)
フンザ
ギルギット・
バルティスタン州
カシュミール
ラダック
ギルギット
インダス川
ダルハウジー
ダラムサラ
チベット自治区
パキスタン
スピティ
ヒマーチャル・
プラデーシュ州
ガリ
トディン寺
カイラス山
ラホール
グゲ
シムラ
ウッタラー
カンド州
プラン
ツァン
ムスタン
ゾンカ
シガツェ
ムズリー
クマオン
シェカル
グンタン
シッキム州
ネパール
ニャナン
(デージョン)
ニューデリー
チョモランマ
ルンビニー
カトマンドゥ(エベレスト)
ダージリン
クシナガラ
ガンジス川
オーダンタプリー寺院
サールナート
ヴィクラ
マシーラ僧院
ブッダガヤ
ナーランダ大僧院
インド
コルカタ(カルカッタ)

ナクチュ(那曲)
チベット自治区
ラデン大僧院
ディグン寺
メルド・グンカル
ガンデン大僧院
ウ
ラモイ・ラツォ
チューコルゲル＝メトータン僧院
サムイェ寺
デンサ・テル
ツェタン
ネウドンツェ
ユンブラカン
ツァンポ川
ヤルルン渓谷
ヤルラシャンポ山
ダナン
ミンドゥルリン
チョンゲ
ドゥク・サンガク・チューリン寺
ルンツェ＝ゾン
アルナーチャル・プラデーシュ州
タワン

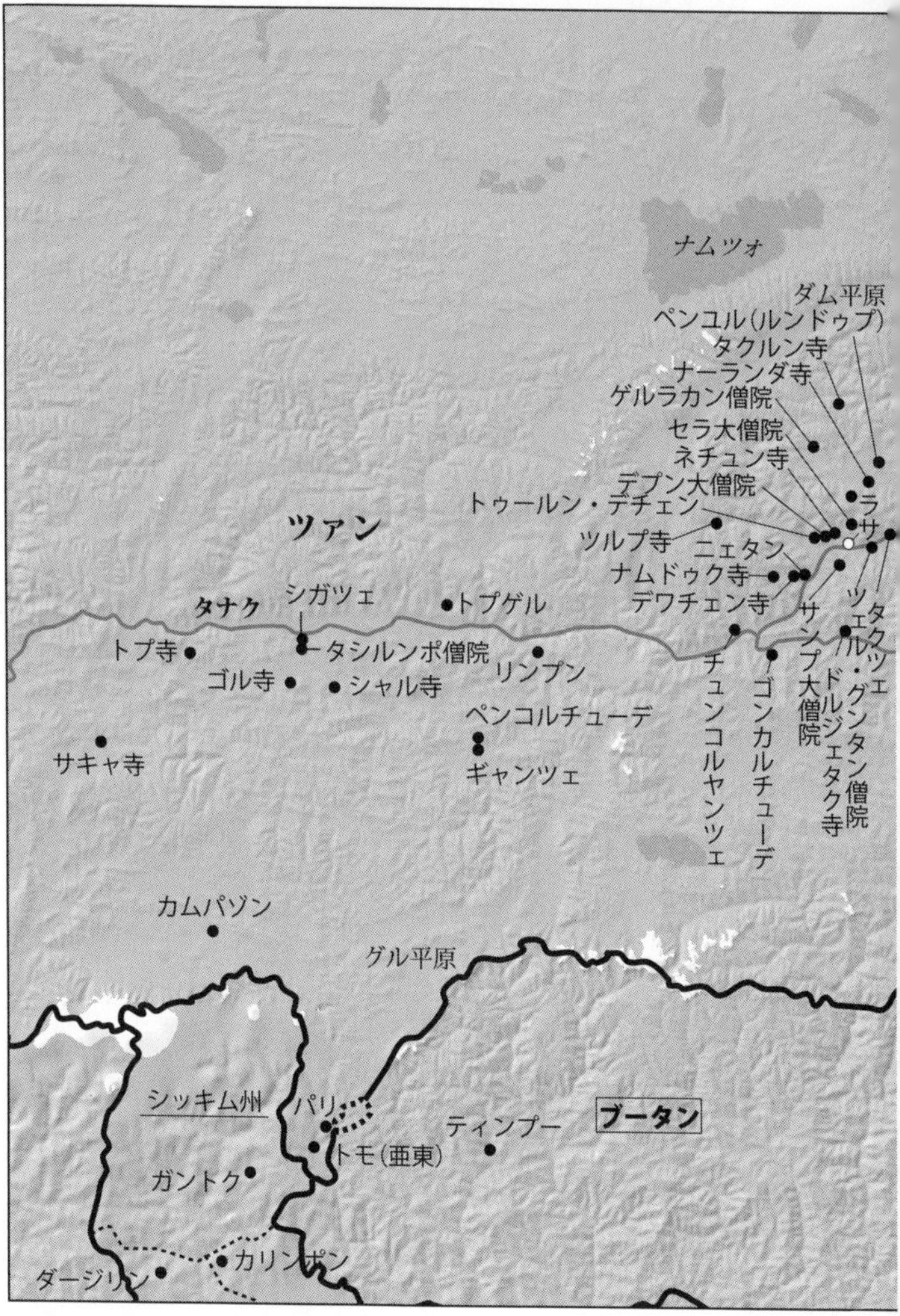

ナムツォ
ダム平原
ペンユル(ルンドゥプ)
タクルン寺
ナーランダ寺
ゲルラカン僧院
セラ大僧院
ネチュン寺
デプン大僧院
トゥールン・デチェン
ラサ
ツァン
ツルプ寺
ニェタン
ナムドゥク寺
デウチェン寺
シガツェ
タナク
トプゲル
トプ寺
タシルンポ僧院
リンプン
ゴル寺
シャル寺
ペンコルチューデ
ギャンツェ
サキャ寺
チュンコルヤンツェ
ゴンカルチューデ
サンプ大僧院
ドルジェタク寺
ツェル・グンタン僧院
タクツェ
カムパゾン
グル平原
シッキム州
パリ
トモ(亜東)
ティンプー
ブータン
ガントク
カリンポン
ダージリン

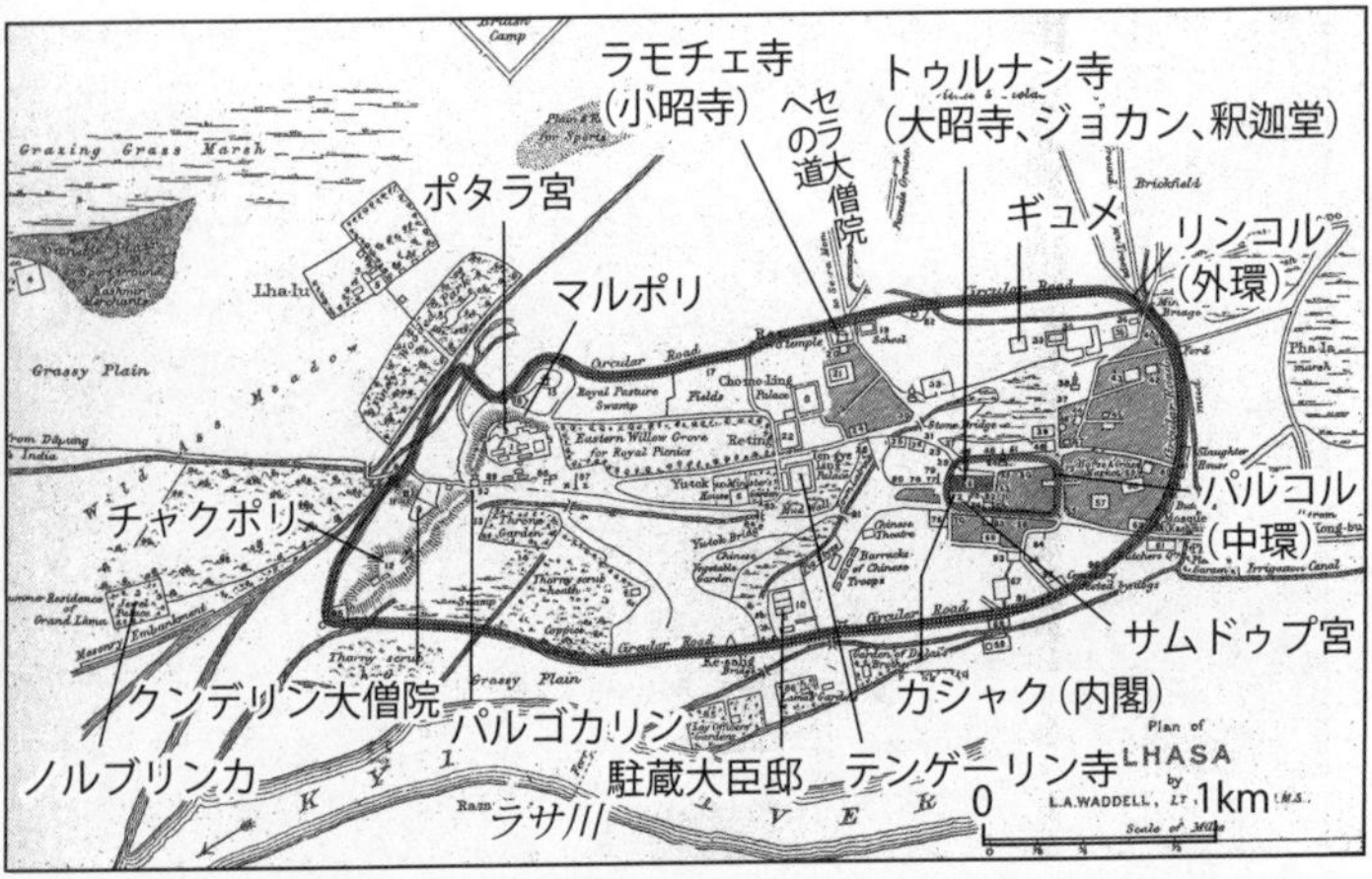

20世紀初頭のラサ（Laurence Austine Waddell（1906）*Lhasa and its Mysteries* に加筆）

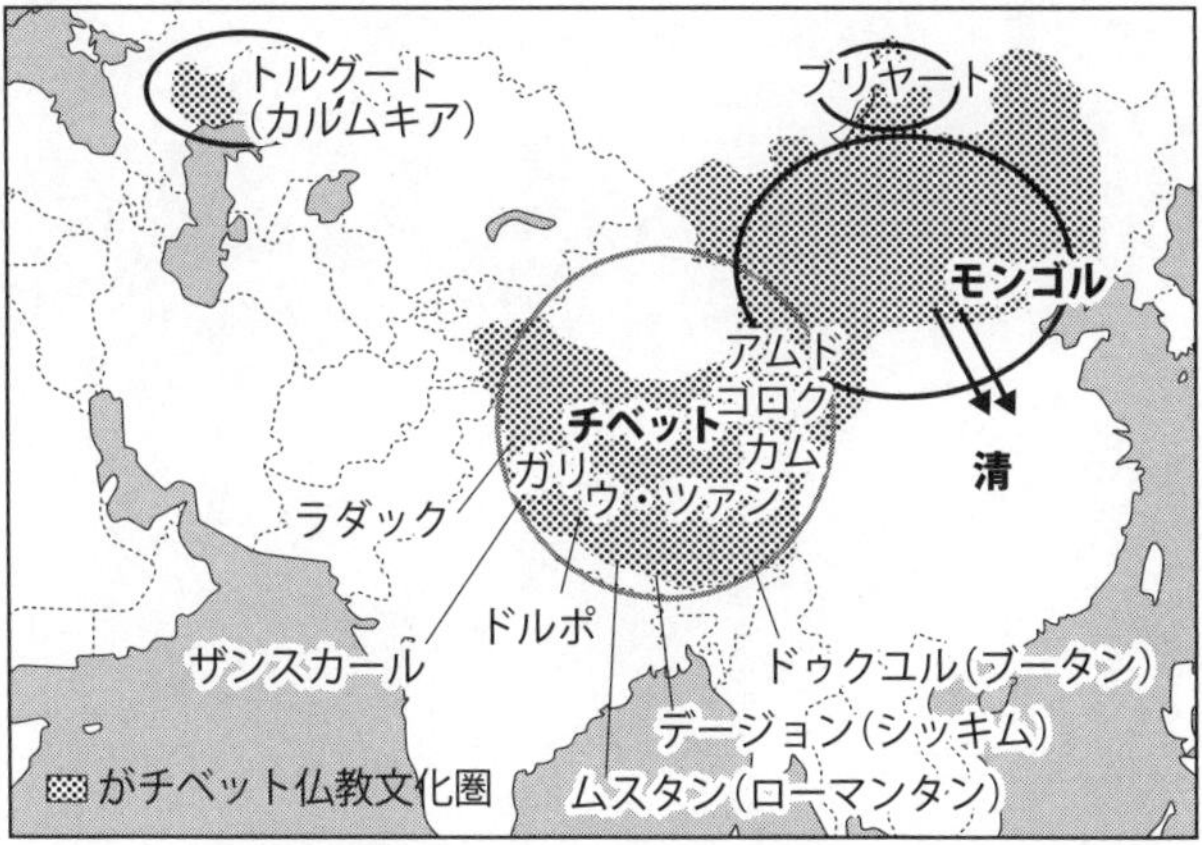
トルグート
(カルムキア)
ブリヤート
モンゴル
アムド
ゴロク
カム
チベット
ガリ
ウ・ツァン
清
ラダック
ドルポ
ザンスカール
ドゥクユル(ブータン)
デージョン(シッキム)
ムスタン(ローマンタン)
がチベット仏教文化圏

チベット仏教文化圏

図版制作　関根美有

序章　仏教国家チベットの始まり

スメール山世界の原像

　チベットは中央ユーラシア大陸の心臓部に位置し、チベット自治区、中国西部の青海《せいかい》省、雲南《うんなん》省、甘粛《かんしゅく》省、四川《しせん》省のチベット自治県、新疆《しんきょう》ウイグル自治区の南部、インドのラダック、スピティ地方、ネパールの西北部、パキスタンのギルギット・バルティスタンなどの広大な地域をカバーする平均標高四一〇〇メートルの広大な高原上にある。

　チベット高原は西にいくほど標高が高くなり、東にいくほど低くなるため、西部は月世界のような不毛な風景が広がる一方、カム（東チベット）、アムド（東北チベット）は谷間では耕作が可能であり、チベットの人口の大半はこの地域に集中している。中央チベット（ウ・ツァン）に位置する古都ラサは、富士山より少し低い標高であるものの、緯度は日本の南西諸島と同じであるため、ラサの南には森林もあれば、平地では大麦の栽培もできる。ヒマラヤ山脈の南麓《なんろく》や東南チベットは熱帯気候であり、この極端な高度差が育《はぐく》む豊かな動植物相は、インドの伝統医学アーユルヴェーダや中国の漢方から、薬材の宝庫、薬草の園と称《たた》えられてきた。チベット人はこの高原の上で麦を植え、耕作不能な高地では高地性の牛、ヤクを放牧

カイラス山 チベット西部は月世界のように不毛である（撮影・渡部秀樹）

ポタラ宮から見たラサ（撮影・渡部秀樹）

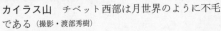

して半農半牧の生活を営んできた。

インドの古典は、世界の中心に超高山のスメール山（須弥山《しゅみせん》）が聳《そび》え立ち、その東西南北には四大大陸（四洲）が囲むという世界観を説き、玄奘三蔵《げんじょうさんぞう》の昔からこのスメール山はチベット高原に、それをとりまく四大大陸は南アジア（インド）、西アジア（オアシス世界）、北アジア（遊牧民世界）、東アジア（中国）に比定されてきた。この須弥山のふもとには四大大河の水源となる湖があるが、これもチベット高原が現実にアジアのほとんどの大河（インダス川、サルウィン川、メコン川、チャオプラヤー川、ガンジス川、エーヤワディー川〔イラワジ川〕、黄河《こうが》、長江《ちょうこう》〔揚子江《ようすこう》〕）の源流域であることを反映している。

森林もある東部（撮影・渡部秀樹）

スメール山の頂上には神々の王インドラ（帝釈《たいしゃく》天《てん》）が住み、その上空には修行を極めた者がアクセスできる精神領域が広がっているとされ、古来インドの行者は瞑想《めいそう》の場を求めてガンジス川を遡《さかのぼ》り、源流域のヒマラヤにわけいった。つまり、インド人にとってチベットは世界の中心であり、覚《さと》りの境地にもっとも近い場と認識されてきたのである。チベットはこのような形でインドの精神文化と接触しながらも、ヒマラヤという天然の要害によって他から隔絶され、独自の言語・文化を発達させてきた。

チベットが他国の史料でも確認できるようになるのは、七世紀に始まる古代チベット帝国の登場以後である。帝国の最盛期にはその支配はチベット高原をあふれだし、ヒマラヤの南麓、中央アジアに及び、さらに唐《とう》、インドのベンガル地域にまでその勢威は及んでいた。

仏教の定着により変容する社会

この古代帝国期の歴史は仏教がチベット社会に浸透した後には、仏教思想のフィルターを通じて語られるようになった。開国の王ソンツェン・ガムポ王は仏の慈悲の化身である観音《かんのん》菩薩《ぼさつ》と称えられ、チベット史の盛衰は仏教の盛衰に関連づけられるとともに、人物評価も仏教の発展に貢献したか否かが善悪の基準となった。時の為政者たちは古代の菩薩王たちの治世の再現をめざし、僧侶は過去の聖者の事蹟《じせき》にならったことから、時がたつほど仏教はチベット社会のすみずみにまで浸透していった。

かつてチベットの成人男性の憧《あこが》れの職業は僧侶であった。彼らが競って仏教思想を研究し、実践修行を行い仏の境地をめざした結果、チベットからは哲学者や人格者が輩出し、その思想や人格に感銘を受けた内外の人々の布施によってチベットの僧院は運営されてきた。そのもっとも新しい例がダライ・ラマ十四世が世界的な評価を受け、難民チベット人社会を維持していることであろう。

古代から現代に至るまで、一貫した仏教史観をもつチベット。その冒頭を飾る古代チベット帝国の歴史について、まずは同時代史料からわかる断片的な事実から述べ、次に仏教思想のフィルターのかかった後の歴史記述を見ていこう。

第一章　古代チベット帝国と諸宗派の成立

第一節　古代チベット帝国の栄華

同時代史料から見た古代チベット

チベット帝国が歴史の舞台に登場する以前、チベット高原には十数の小国が分立していた。七世紀にヤルルン渓谷を根拠地とするプゲル氏からソンツェン・ガムポ王（六〇〇頃―六四九?）が現れ、十三歳で即位し中央チベットを掌握すると、その子孫の時代には西チベットのシャンシュン（羊同《ようどう》）、東北チベットのスムパ（蘇毗《そび》）、アシャ（吐谷渾《とよくこん》）を傘下に置く帝国を築き上げた。唐から吐蕃《とばん》と呼ばれたこの国を、チベット研究者は古代チベット帝国と呼びならわしている。

プゲル氏の王は「天から降り立った者」としてツェンポ号を名乗り、スムパやアシャなど他地域の首長はジェ号を称してツェンポに敬意を払った。ツェンポは支配下のシャンシュンやアシャから妃《きさき》を迎え姻戚《いんせき》関係を結び、対立していた唐からも文成公主《ぶんせいこうしゅ》・金城公主《きんじょうこうしゅ》などを妃に迎えた。姻族がチベットから見て政治的に有力な集団であること、ソンツェン・ガムポ王、その子グンソングンツェン、四代目のティドゥソン王（在位六七六―七〇四）、五代目のティデツクツェン王（在位七一二―七五五？）、六代目のティソン・デツェン王（在位七五六―七九七）が一様に父親が在世中の幼少期に即位していることなどから、ツェンポは独裁者ではなく、外戚が政治に大きな役割を果たしていたと考えられている。

ソンツェン・ガムポ王を継いだマンソンマンツェン王（在位六五〇―六七四）の時代、先代の宰相で外戚のガル一族が実権を握り、唐の中央ユーラシア支配の要衝安西《あんせい》四鎮《しちん》（亀茲《きじ》・于闐《うてん》・疏勒《そろく》・焉耆《えんき》）を獲得し、アシャを完全に支配下において甘粛への道を手に入れた。

四代目のティドゥソン王の時代、六九八年にガル一族が滅ぼされ、政治の実権はツェンポの手に戻ったが、王が雲南遠征中に戦死すると後継者争いが始まった。

五代目のティデツクツェン王は先王の母チマロの後援のもと八歳で即位し、七一二年に金城公主（六九八―七三九）を唐から迎え、七二六年には河西《かせい》に進出した。同王の在位期間は唐の玄宗《げんそう》皇帝（在位七一二―七五六）とほぼ重なる。唐が七五一年にアッバース朝とタラス河畔で衝突した事件が象徴するように中央アジアへの攻勢を強めると、チベットはチベット高原から中央アジアへの出口を失い、ティデックツェン王は重臣によって弑逆《しいぎゃく》された。

六代目のティソン・デツェン王が即位する直前、唐で安史《あんし》の乱（七五五年）が勃発《ぼっぱつ》したことを契機に反転攻勢に転じ、七六三年に長安《ちょうあん》の都（現西安《せいあん》）を一時占拠した。七八〇年前後に帝国の版図は最大となり、河西回廊《かせいかいろう》（現甘粛省）、シルクロード南道、おそらくはパミールの一部までがその勢力下に置かれた。

この頃には帝国は多民族を擁するようになり、民族宗教（ボン教）では統合が不可能となったため、ティソン・デツェン王は七六一年に仏教を国教化し、チベット最古の僧院サムイェを建立した。

九代目のティックデツェン王（在位八一五―八四一）の時代に、唐とチベットの力関係がほぼ互角となったことにより講和が実現し、八二二年、両国の間に国境を画定する盟約が結ばれた。その内容は碑文に刻まれ、それぞれの都に建てられた。この碑文がラサの釈迦堂《しゃかどう》（ジョカン）前に現存する有名な唐蕃会盟碑《とうばんかいめいひ》である。この碑文には、以下のように記されている。

（前略）チベット、中国二者は現在において支配している領域と境界を守って、その東

トゥルナン門前に建つ唐蕃会盟碑

方すべては大中国の領域、西方すべてはまさに大チベットの領域にして、これより相互に敵として諍《いさか》うことなく、戦をなさず、境域を侵さず、疑わしきことどもあらば、その人をとらえて事を訊《たず》ね、終われば放って給与すべし。今、二つの国家は一つになって大いなる和解の会盟をこのように行った。（中略）チベットはチベット国において平和に、中国は中国において平和となれ。これらの大いなる政《まつりごと》を結んだ後、この誓いを決して変えないということを、三宝（仏・法・僧）と聖者と日月星辰《じつげつせいしん》を証人として請う。（後略）

この碑文は唐とチベットが話し合いで国境を定め、友好的な関係を樹立すべく努力していた証左であるため、一九八九年にダライ・ラマ十四世がノーベル平和賞を受賞したさいの記念スピーチで「チベットと中国の関係は平等・尊敬・信頼・相互利益の原理に立つものでなくてはならない」という文脈でこの碑文に言及している。

同王は八二三年、唐についでウイグルとも講和しチベットにはようやく平穏な時代が訪れた。敦煌《とんこう》から発見された経典類はほぼこの時代に書写されたものである。しかし、反仏教勢力は根づよく、王の治世は彼らに暗殺されることで終わった。

八四一年に即位したランダルマ王（在位八四一―八四二）は即位後一年たたずして暗殺され、王の死後、帝国は分裂した。後代の史料においてランダルマ王は仏教の弾圧者と糾弾されるが、史実でも廃仏王であったかは不明である。

以上が金石史料や古文書、漢語史料などの同時代史料からかいまみえる古代チベット帝国の姿である。

多様な文化の影響を受けた古代チベット

帝国が最大版図を誇った時代、その勢威は南はヒマラヤの南麓、西はフンザ、ギルギット・バルティスタンまで、北は中央アジア、東は河西地域という広大な地域に及び、インド・ネパール文化、バクトリアとソグディアナのヘレニズム文化、古代ペルシア帝国とそれを征服したアラブ人たちの文化、唐の漢文化などと接触していた。このため、古代王朝期の遺品にはこれらの文化の影響を反映したエキゾチックなデザインが見られる。後世の史書には、文成公主はソンツェン・ガムポ王以外に、インドの王、タジクの王、トムのケサル王などからも求婚されており、ソンツェン・ガムポはこれらの王たちを出し抜いて文成公主を獲得したという逸話を記すが、タジク（太食）とはすなわちイスラーム圏、トムとはチベットが中央アジアにおいて占領した領域に設置した軍事行政単位であるので、古代チベットがさまざまな文化圏の王たちと覇権を競いあっていたことがこの嫁取り説話にも反映していると思われる。また、チベットの西の果てのシャンシュンを発祥の地とするボン教には、ゾロアスター教、マニ教などの光の宗教の影響があるともいわれている。十一世紀以後、このような多様な外国文化の影響は消え、インド・ネパールの仏教文化一色に上書きされていくことになる。

仏教思想のフィルターを通った古代チベット史

チベットに仏教が浸透した十二世紀以後、古代チベット帝国の歴史は仏教の思想や言語体系を通じて表現されるようになる。古代王朝期に記されて後世に発見されたという「埋蔵教説」（テルマ）群に属する『マニ・カンブム』、『カチェム・カクルマ』などの史書においては、古代の諸王は、軍事大国の王ではなく人々を導く菩薩の化身として描かれ、仏教の繁栄は王朝の繁栄に、仏教の衰退は王朝の崩壊と結びつけられた。この物語性の強い歴史により、チベット人は古代を仏教王が統治した理想の時代と考えるようになり、十二世紀以後の王や僧たちはこのイメージの中の王や聖者の振る舞いを模範とした。後世から見た古代帝国期イメージが、その後のチベット史の導きとなったのである。

仏教のフィルターを通じて再編された古代チベット史において、主役となったのは観音菩薩である。菩薩とは自らの幸せを犠牲にして命あるものの救済につくす大乗仏教の理想の人間像である。なかでも観音菩薩は仏の慈悲の化身として人気があり、十二世紀から十三世紀にかけてアジア全域で崇拝された。たとえばカンボジアのクメール帝国の王、ジャヤヴァルマン七世は観音菩薩（世自在《ぜじざい》）を信仰し、王都アンコールトムに観音を祀《まつ》るバイヨン寺を建設し、自らを世自在として造像させている。

埋蔵教説は、観音菩薩がチベット人の誕生を祝福し、知的に成長させ、さらにソンツェン・ガムポ王、各宗派の宗祖などの歴史上有名な王、高僧に化身してチベット人を善に導いてきたとし、十七世紀から政教一致のチベット政府のトップに君臨した歴代ダライ・ラマも観音菩薩の化身と崇《あが》められてきた。このように現在に至るまでチベット史を通底している観音菩薩の物語は、太古の昔の観音菩薩の誓いから始まる。

十一面千手観音（中国西藏布達拉宮管理処編著（2000）『布達拉宮壁画源流』九洲図書出版社）

観音菩薩の誓い

はるか遠い昔、観音菩薩は阿弥陀仏《あみだぶつ》の前で「すべての命あるもの（有情《うじょう》）、とくにチベットのすべての命あるものが仏の境地（涅《ね》槃《はん》）に至るまでは、自分の幸せを一瞬たりとも考えない。もし一瞬でも自分の幸せを考えたなら、自分の体が千に砕け散りますように」という誓いを立てた。

それから観音菩薩はチベットの命あるものを休むことなく救い続けた。ある日

「すでに多くの人が涅槃に入ったであろう」と思い、赤い丘《マルポリ》の上からチベットを見下ろすと、そこにはまだ多くの命あるものが苦しむ姿が見えた。そのとき、観音菩薩はほんの一瞬だけ自分の幸せを求める気持ちを起こし、古《いにしえ》の誓いによって身が千々に砕けてしまった。すると阿弥陀仏が現れ、観音の砕け散った体の破片を十の顔と千の手に作り直して、頭上に阿弥陀仏の顔を置いて十一面とし、その千手千眼によって時間と空間を超えて多くの命あるものを同時に救済できるようにした。

猿の夫婦（『布達拉宮壁画源流』）

　時がたち、観音菩薩はインドからチベットに修行にやってきた一匹の雄猿に菩薩戒を授けた。その猿が黒い岩の上で瞑想していると羅刹女《らせつにょ》がやってきて求愛の動作を示した。雄猿が相手にしないと羅刹女は怒り「もしあなたの妻になれないならば、羅刹男と一緒になって、昼夜を問わず一万の命あるものを殺して食ってやる」と言った。困った猿が観音菩薩のもとへ相談に行くと、観音菩薩とターラー菩薩は羅刹女と一緒になることを勧め、二匹の結婚を祝福した。

二匹の間には「六つの生存領域」（天・阿修羅《あしゅら》・人・餓鬼・畜生・地獄）から転生《てんしょう》した六匹の小猿が生まれた。三匹は菩薩の猿である父に似て性質がよく、三匹は羅刹女の母に似て気性が荒かった。三年たって父猿が小猿を見に戻ると小猿は五百匹に増え、食べるものがなくなって飢えていた。父猿が観音のもとに相談に行くと、観音は「汝《なんじ》の一族は私が守ろう」と、耕さずとも生える作物を授けた。この作物を食べるうちに小猿の毛は短くなり、尾も短くなり、言葉を知るようになった。

この物語の前半部分は観音系の経典に記される千手千眼観音菩薩の由来譚《ゆらいたん》をチベット人という特定の民族の開闢《かいびゃく》説話に翻案したものである。後半のチベット民族の起源については、菩薩の猿とはインドからヒマラヤに修行に来たシヴァ教の苦行者を、羅刹女とはチベットの先住民の女性を暗示しており、二人の結婚によって生まれた六匹の猿はチベットの六大氏族の祖先なので、チベット人の祖先であることを示している。つまり、チベット人は自らの民族の起源を仏教の発祥の地であるインドに措定していたのである。

ヤルルン王家の始まり

埋蔵教説は、チベットの最初の王もインドの王家の末裔《まつえい》であるという物語を伝えている。

インドの王家に瞼《まぶた》が鳥のように下から上にあがる異形の子が生まれた。王はその子を箱に入れてガンジス川に捨て、漁師がその子を拾って育てた。その子は長じて親に捨てられた出自を知り、悲しくなってガンジス川を遡って雪山（ヒマラヤ）に向かった。そして、ラリロルポの頂に降《くだ》って、「山はヤルラシャンポがよい、地はヤルルンがよい」と知り、ヤルルン渓谷（現山南市）のヤルラシャンポ山に降った。

土地の首領たちが童子に「どこからきたのか」と訊ねると天を指さしたので、「天からおりて来た神の子だ、我々の王に戴《いただ》こう」と、みなで肩にかついで推戴《すいたい》したので、最初のチベット王は「ニャーティ＝ツェンポ」（頸座王《けいざおう》）といわれた。このあとティという文字を名前に含む七人の王（天の七ティ）が続いたが、彼らはいずれも子息が馬に乗れる年齢に達すると、頭頂から天に向かってのびている綱（ム）の中に虹《にじ》のように溶けて消えていった。したがって、「天の七ティ」の陵は天に建てられたが、七番目のシプ

天から降臨するニャーティ＝ツェンポ（『布達拉宮壁画源流』）

ティ＝ツェンポの次に出たディグム＝ツェンポ王のとき、頭上で剣をまわして天とつながるムを切ってしまい、以後王は地上に体を残すようになった。

初代チベット王がインド王家の末裔とされたことは、チベット人が王家の血筋も仏教発祥の地インドに求めていたことの顕れ《あらわ》であり、一方、チベット最初の王が天の子として推戴され、初期の七王がすべて天に還《かえ》っていったという件は、仏教が導入される前の古代チベット帝国のツェンポの王権像の残影である。このあと上の二テン、中の六レク、地の八デ、下の三ツェンという一九人の王が続いた。その次のラトトリ・ニェンシェル王の時代にユンブラカン宮の屋上でくつろぐ王のもとに、空から仏典や仏像が光線にのっておりてきて、「これらのものの意味を理解する王が、汝より五代後に出るであろう」という声が轟《とどろ》いた。このエピソードは、同王の時代にチベットに仏教が伝来したことを暗示しており、ラトトリ・ニェンシェルから五代目の王とはチベット高原を統一したソンツェン・ガムポ王である。

　ソンツェン・ガムポ王に先立つ三一人の王のうち、具体的な活動が確認できるのはソンツェン・ガムポの祖父のタクリ・ニェンシクからである。

最古の宮殿ユンブラカン宮（撮影・渡部秀樹）

〔天の七ティ〕（一）ニャーティ＝ツェンポ↓（二）ムティ＝ツェンポ↓（三）ディンティ＝ツェンポ↓（四）ソティ＝ツェンポ↓（五）メティ＝ツェンポ↓（六）ダクティ＝ツェンポ↓（七）シプティ＝ツェンポ↓

〔上の二テン〕↓（八）ディグム＝ツェンポ↓（九）プデグンゲル↓

〔中の六レク〕↓（一〇）アショ・レク↓（一一）デショ・レク↓（一二）ティショ・レク↓（一

三）グル・レク→（一四）ドンシェル・レク→（一五）イショ・レク→
〔地の八デ〕→（一六）サナムシン・デ→（一七）デトゥル・ナムシュンツェン→（一八）
セノルナム・デ→（一九）セノルポ・デ→（二〇）デ・ノルナム→（二一）デ・ノルポ
→（二二）デ・ゲルポ→（二三）デ・ティンツェン→
〔下の三ツェン〕→（二四）ティ・ツェンナム→（二五）ティダプン・ツェン→（二六）テ
ィデトク・ツェン
→（二七）ラトトリ・ニェンシェル→（二八）ティニェン・スンツェン→（二九）ドン
ニェン・デウ→（三〇）タクリ・ニェンシク→（三一）ナムリ・ソンツェン→（三二）
ソンツェン・ガムポ

ソンツェン・ガムポ王の事蹟

埋蔵教説に記されたソンツェン・ガムポ王と二人の妃の生涯は、誕生から死去に至るまで、観音菩薩と観音の救済事業を補助するターラー菩薩としての超常的な事蹟で埋め尽くされている。三人が誕生するさいには次のような奇瑞《きずい》があったという。

観音菩薩はチベット人が仏教を理解できるほどに知的に成熟したことを見て取ると、

両目と心臓から光線を放った。右目から放たれた光はネパールの国に向かいネパール王妃の胎に入り、梅檀《せんだん》の香りのする美しい王女（ティツン妃）となって生まれた。左目から放たれた光は中国に向かい、皇后の胎に入り、蓮華《れんげ》の香りのする王女（文成公主）となって生まれた。心臓から放たれた光は有雪の王国（チベット）に向かい、王妃の胎に入った。月満ちて生まれた王子は頭にもう一つの顔があり、手足には法輪相が刻まれていた。天は華の雨を降らせて、大地は六種にふるえてその誕生を祝福した。王子は頭の上にもう一つの顔があったため、それを隠すためにターバンを巻いた。（中略）それから十三歳で即位するとラサの赤い丘《マルポリ》の頂に宮殿を建てた。

この開国説話において、ソンツェン・ガムポ王の頭頂にもう一つの顔があったことは彼が観音菩薩であることを示している。チベットにおいても日本においても十一面観音像の頭頂には小さな顔（化仏《けぶつ》）がのっており、これは観音が命あるものの救済を誓ったさいの証人、阿弥陀仏である。また、観音の両目から生まれた両妃は、その生まれ方から観音菩薩が救済に疲れたさいに流した涙から生まれた緑ターラーと白ターラーの二菩薩であることがわかる。ターラー尊は、チベットでは観音と同様、あるいはそれよりも広く信仰されており、現在でもターラー尊のチベット訳であるドルマ、ドルカルは女の子の名前として広く人気がある。

ソンツェン・ガムポ王（中央）と中国妃（左）・ネパール妃（右）　ギャンツェのペンコルチューデ寺（撮影・著者）

また、ソンツェン・ガムポ王が宮殿を建てた赤い丘は、太古の昔、観音菩薩がチベットを見下ろした地である。つまり開国説話のすべての要素は同王が観音の化身であることを示す符牒《ふちょう》なのである。この説話に基づいて、チベットではソンツェン・ガムポ王と二人の妃を、観音とその脇侍《わきじ》を務める両ターラー菩薩の三尊形式で祀る。

　この後、王はインドの経典をチベット語に翻訳するために、貴族の子弟トンミ＝サンボータをインドに派遣して文字と文法を学ばせ、チベット文字を作らせた。このときに作られたチベット文字のアルファベットは驚くべきことに二十一世紀になった今日も変わらず使用されており、コンピューターのディスプレイにも表示できる。さすがに話し言葉と書き言葉の乖離《かいり》は激しいが、チベット仏教の経典がすべてこの文字で記され伝達されてきたことにより、書き言葉も現在に至るまで廃れていない。

ka 行　1）	ཀ་	(ka) (*ka*)	ཁ་	(kha) (*k'a*)	ག་	(ga) (*k̲'a*)	ང་	(nga) (*nga*)
ca 行　2）	ཅ་	(ca) (*cha*)	ཆ་	(cha) (*ch'a*)	ཇ་	(ja) (*c̲h̲'a*)	ཉ་	(nya) (*nya*)
ta 行　3）	ཏ་	(ta) (*ta*)	ཐ་	(tha) (*t'a*)	ད་	(da) (*t̲'a*)	ན་	(na) (*na*)
pa 行　4）	པ་	(pa) (*pa*)	ཕ་	(pha) (*p'a*)	བ་	(ba) (*p̲'a*)	མ་	(ma) (*ma*)
tsa 行　5）	ཙ་	(tsa) (*tsa*)	ཚ་	(tsha) (*ts'a*)	ཛ་	(dza) (*t̲s̲'a*)	ཝ་	(wa) (*wa*)
6）	ཞ་	(zha) (*sha*)	ཟ་	(za) (*s̲a*)	འ་	('a) (*h̲a*)	ཡ་	(ya) (*ya*)
7）	ར་	(ra) (*ra*)	ལ་	(la) (*la*)	ཤ་	(sha) (*sha*)	ས་	(la) (*la*)
8）	ཧ་	(ha) (*ha*)	ཨ་	(a) (*a*)				

チベット文字のアルファベット

ソンツェン・ガムポ王は十三歳で王位につくと、十善法を制定してチベット人を善に導いた。十善法とは大乗仏教の基本的な戒律であり、体で行う三つの悪行「生き物の命を取る」（殺生）、「与えられていないものを取る」（偸盗《ちゅうとう》）、「邪《よこしま》な性行為」（邪淫《じゃいん》）、言葉で行う四つの悪行「嘘《うそ》をつく」（妄語）、「二枚舌を使う」（両舌）、「汚い言葉を使う」（悪口）、「言葉を飾る」（綺語《きご》）、心で行う三つの悪行「貪《むさぼ》り」（貪《どん》）、「怒り」（瞋《しん》）、「誤った哲学」（邪見）を行わないことである。

二人の妃の事蹟

ソンツェン・ガムポ王はネパールからティツン妃を（ちなみにティツン妃は同時代史料で存在が確認されていない）、唐王朝からは文成

手足に12の寺を建てられた羅刹女（西蔵博物館蔵。撮影・著者）

公主を娶《めと》り、両妃は辺境のチベットに嫁すにあたり、父王に頼んで守り本尊としてそれぞれの国の宝となっていた釈迦像を嫁入り道具とした。

チベットに着いた文成公主は、釈迦牟尼仏《しゃかむにぶつ》を祀る寺を建てるために最適な地を八卦《はっけ》で占った。すると、「チベットの地は羅刹女が仰向《あおむ》けに寝たような姿であり、オタンの湖は羅刹女の心血であり、マルポリとチャクポリは羅刹女の心骨であるため、オタンの湖の上に釈迦像が鎮座し、マルポリの上に宮殿があると羅刹女を圧することができる」との卦が出た。

この占いを受けてソンツェン・ガムポ王（史書によってはネパール妃）は羅刹女の両肩、両足の付け根の上に四つの寺を建てた。しかし羅刹女はまだ動いたので、さらに両腕の肘《ひじ》、両足の膝《ひざ》の上に再度四寺を建て、それでもまだ動くので両の掌《てのひら》、両足の裏の四寺と計一二ヵ所に寺を建て、ようやく羅刹女の動きをとめることができた。

ネパールと唐からきた二人の妃とチベットの国王との結婚は、インドと中国の文化がチベットに導入されたことを象徴し、また、チベットの上に仰向けになっている羅刹女の上に寺や宮殿を建て動きをとめていく作業は、羅刹女に象徴される「仏教に教化される前のチベット人の荒ぶる心」が、「仏教の浸透によって、鎮まっていく」ことを表現している。

ネパール妃は羅刹女の心血であるオタンの湖を埋め立ててトゥルナン寺（大昭寺）を建て、文成公主はラモチェ寺（小昭寺）を建て、それぞれの故郷からもたらした釈迦像を祀った。

文成公主がもたらした釈迦牟尼像（撮影・著者）

　このトゥルナン寺とは現在ラサの中心にある釈迦堂（ジョカン）の正式名であり、この寺の内陣に祀られるチベットでもっとも崇拝を集める釈迦像、通称「主尊釈迦《しゃか》牟尼《むに》」（ジョー・シャカムニ）こそ、文成公主が唐からもたらした釈迦

五体投地（撮影・著者）

像である（トゥルナン寺にははじめネパール妃のもたらした釈迦像が祀られていたが戦乱の折、両釈迦像が入れ替わった）。

チベットには「骨は父から、血は母から受け継ぐ」という思想があるため、羅刹女の心血であるオタンの湖の上にネパール妃が寺を建て、羅刹女の心骨であるマルポリの丘にソンツェン・ガムポ王が宮殿を建てたことは、チベットは男系・女系ともに羅刹女の野生状態から菩薩の治める仏教国へと生まれ変わったことを意味していた。王と二人の妃は人生の最後に釈迦堂内に祀られた観音像と白・緑の二ターラー像に溶け込んで姿を消した。

聖地ラサの始まり

ソンツェン・ガムポ王と二人の妃の物語によ

り、ラサの街はそれ自体が聖地とみなされるようになり、トゥルナン寺の釈迦像を中心に三重の円環巡礼路がラサのまわりに形成された。もっとも内側にある巡礼路ナンコル（内環）は、釈迦堂のまわりを一周するもの、パルコル（中環）はトゥルナン寺の寺域全体をまわるラサでもっとも繁華な道、一番外側のリンコル（外環）は赤い丘を含めたラサ全体を一周する道である。チベット暦でサカダワ月といわれる西暦の五月から六月にあたる月は、釈迦が生まれ、覚りを開き、亡くなった月といわれ、この月に積まれた善行は万倍になるとされるため、サカダワ月には各地から巡礼がラサに集まり、三つの巡礼路は五体投地《ごたいとうち》をする人々で渋滞する。

ソンツェン・ガムポ王の二人の妃が建てた二つの寺と、羅刹女の両手足の上に建てられた一二寺は、チベットの平安のもとであると考えられ、歴代の為政者たちは、これらの寺が廃れないよう維持・修復し、折々にチベットの平安を祈念した。

文殊菩薩の化身ティソン・デツェン王

古代チベット帝国の初代王ソンツェン・ガムポ、六代目のティソン・デツェン王、九代目のレルパチェン（ティックデツェン）王の三人は、チベット史に残る偉業をなしたことから、「三人の聖なる父祖王」（メポン・ナムスム）と尊称され、それぞれ仏の慈悲の化身観音菩薩、

かつてのパルゴカリン　1938年撮影
(Bundesarchiv, Bild 135-S-12-01-29 / Schäfer, Ernst / CC-BY-SA 3.0)

智慧《ちえ》の化身文殊《もんじゅ》菩薩、力の化身金《こん》剛手《ごうしゅ》菩薩の三菩薩の化身と崇められている。

「三人の聖なる父祖王」の二番目に数えられるティソン・デツェン王は、唐王朝から嫁した金城公主を母にもつ（異説あり）。金城公主が懐妊したとき、ナナム氏出身の正妃は嫉妬《しっと》し、その子を取り上げて自分の子とした。悲嘆にくれた公主は、マルポリ（赤い丘）とチャクポリ（鉄の丘）の二つの丘をつなぐ尾根を断ち切って、チベット王家の血筋を絶やそうとした。マルポリはソンツェン・ガムポ王の宮殿が、チャクポリにはティツン妃の宮殿があり、かつては二つの宮殿が鉄鎖橋で結ばれていたため、この尾根を断ち切ることは開国の王と王妃の関係を断ち切りその子孫を絶やす呪《のろ》いとなる。のちにティソン・デツェン王が即位し、自分の母を金城公主であると公表すると、公主は呪いを解いて、二つの丘の間に門塔を建ててつないだ。この門塔こそかつてラサの正門として欧米にまで名を轟かせたパルゴカリンである。

ティソン・デツェン王は仏教を国教とし、七六一年にナーランダ大僧院の学僧シャーンタラクシタと密教行者パドマサンバヴァをインドより招請し、チベット初の僧院サムイェを建立し、同寺においてチベット人の貴族の子弟を出家させ、初のチベット人僧団（僧伽《そうぎゃ》）を誕生させた。このためシャーンタラクシタはチベットの顕教《けんぎょう》の祖、パドマサンバヴァはチベットの密教の祖とみなされ、ティソン・デツェン王の両脇に三尊形式で祀られるのがならいとなっている。

サムイェの建築プラン（次ページ参照）はインドのオーダンタプリー寺院にならっており、中央の堂で世界の中心にある超高山スメール山を、東西南北の四つの堂でスメール山を囲む四大大陸をかたどっている。この印象的な建築プランは、チベット仏教圏の拡大とともに各地に移植され、北京《ペキン》の名勝頤和園《いわえん》の香岩宗印之閣《シャンイエンゾン》（香岩とはサムイェの音写）、熱河《ねっか》の普寧寺《ふねいじ》などもこのプランによって建てられている。

初期チベットにはインド仏教と中国の禅仏教二つの伝統が併存していたが、両勢力の間で主導権争いが起きたため、禅仏教からは摩訶衍《まかえん》和尚、インド仏教からはカマラシーラが出て、サムイェ寺でディベートを行って決着をつけることとなった（サムイェの宗論）。それぞれが主張を戦わせた結果、チベットの史書はカマラシーラが勝利し、以後のチベット仏教界では

サムイェ寺の建築プランと現在のサムイェ寺本堂
(撮影・渡部秀樹)

インド仏教が主流となったと記す（ただし禅文献には禅仏教の勝利が主張されている）。

ティソン・デツェン王の妃イェーシェー・ツォゲルはのちにパドマサンバヴァの明妃（密教の修行パートナー）の一人となり、密教行者の守護尊として崇められ、王の侍医であったユトクはチベット医学の聖典『四部医典』（ギュシ）の原作者としてチベット医学の祖と崇められている。

パドマサンバヴァ伝説

左手にカータンガをもつパドマサンバヴァ像（撮影・著者）

同時代史料に該当する行者の名がみあたらないことから、その実在は疑問視されているものの、ティソン・デツェン王代にインドから飛来した密教行者、パドマサンバヴァは、チベットで観音菩薩と並んで人気の高い信仰対象である。グル・リンポチェ（パドマサンバヴァの敬称）の説話を知らないチベット人はいないし、八の字髭《ひげ》をはやし、眉根《まゆね》にしわを寄せ、目を見開き、カータンガ（三叉《さんさ》の髑髏棒《どくろぼう》）を手にした像は、チベットやブータンの至るところで目にすることができる。

『ペマ・カータン』などの埋蔵教説に記されたパドマサンバヴァの生涯は「蓮華（パドマ）から生じたもの（サンバヴァ）」という名前そのままに蓮華から化生《けしょう》して生まれ、死も確認されていない、時空を超えた存在である。以下その伝記を要約してみよう。

インドのウッディヤーナ国の王インドラブーティは豊かではあったものの、盲目で王子にも恵まれなかったため、仏・法・僧の三宝に帰依し、恵まれない者への布施を行っていた。ある日、王は側近とともに地方に出て「汚れなき光」という名の湖に着いた。その湖の中央には車輪ほどの大きさの蓮華が咲いており、その上には八歳くらいの男の子が座っていた。王が「不思議な子よ。父は誰であるか、母は誰であるか」と聞くと、その子は「私の父は明知（仏の智）である。私の母は楽空無別《らくくうむべつ》（密教の覚りの境地）の普賢女である」と答えた。王が感涙にむせぶと、見えなかった眼は視力を取り戻し、王はこの子を跡継ぎにするために王宮につれかえった。

パドマサンバヴァが学問や技芸を習得して成長したある日、裸体に骨飾りをまとい、手に金剛杵《こんごうしょ》とカータンガをもった苦行者の姿となり、宮殿のてっぺんで踊りはじめた。

城のまわりには多くの見物人が集まったが、パドマサンバヴァの手から金剛杵とカータンガがすべりおちて、大臣の妻とその子の命を奪った。パドマサンバヴァは「この母子は前世に私を罪に陥れたものであり、その業《ごう》によって死んだのだ」と説明したが、怒った人々は彼を人殺しの罪で裁くように王に迫り、王はやむなくパドマサンバヴァを国外に追放した。

パドマサンバヴァは、仏弟子アーナンダのもとで僧侶となり、顕教の教えを学び、その後数々の行場の墓地を巡って密教の修行を修めた。

あるとき故郷のウッディヤーナの国を教化しようとし、ヴィナサーという女性が経営する居酒屋に行き、「日が沈むときに酒代を払う」と言って酒を飲みはじめた。しかしその日はいつまでたっても太陽が沈まず、草木は枯れ泉は干上がった。王はヴィナサーの訴えによってパドマサンバヴァのもとに赴いた。そして、「ヨーガ行者さま。命あるもののことを思ってください。酒代は私が払います」と言って酒代を弁済すると、ようやく日が沈んだ。この一件でウッディヤーナの王はパドマサンバヴァの弟子となった。

一方、チベットではティソン・デツェン王が仏教の国教化を宣言し、インドよりナーランダ大僧院の学僧シャーンタラクシタを招いて、初の僧院サムイェ寺を建立しようとしていた。しかし、チベットの鬼神たちが仏教の導入を喜ばなかったため、昼に築いたものが夜には壊され、一向に工事は進捗《しんちょく》しなかった。シャーンタラクシタは「私の慈悲の行ではこの鬼神たちを鎮めることはできません。ウッディヤーナの密教行者パドマサンバヴァの密教の技をもって調伏《ちょうぶく》すれば、鬼神を鎮めることができましょう」といったため、パドマサンバヴァがチベットに招かれることになった。

パドマサンバヴァは神通力でそれを知りチベットに飛来する道すがらに、チベットの山や湖に宿る土地神を次々と力でねじふせ、新しい名前を与えて仏教の守護神へと改宗させていった。たとえば、ガンカル・ナムメンカルモ神が雷を落としてきたときは、その雷を指にまきつけて湖に捨てた。神は怖《おそ》れて湖の中に逃げると湖は煮えたぎっていたので、神の肉と皮は分離した。パドマサンバヴァは金剛杵で神の右目をくりぬくと、神は「もうこれからは祟《たた》りをなしません。どうか許してください。何でもあなた様のご命令に従います」と魂を差し出したので、パドマサンバヴァはシャメー（肉なし）・ドルジェ・ユドゥンマという秘密の名前を授けて埋蔵教説の守護を行わせた。

パドマサンバヴァがティソン・デツェン王に対面したさい、王は心中「私は全チベットの王である。シャーンタラクシタも私を礼拝したのだから、この密教行者も私に礼拝するであろう」と思った。パドマサンバヴァは王の心を読んで、神通力によって王の衣に火を放ったため、王は地にころげまわることになった。パドマサンバヴァの呪力《じゅりょく》によって鬼神は退けられサムイェ寺は無事完成した。

パドマサンバヴァが伝えた密教により、ナムカーニンポをはじめとする二五人のチベット人が、瞬間移動などの超人的な法を体得した。パドマサンバヴァは未来に仏法が危機的状況に陥ることを予知し、チベットの山や湖、洞窟《どうくつ》や岩場や僧院のあちこちに修行法や預言などを記した教説を隠した。そして、来るべき日、祝福された発掘者によってふたたび世に出ることを予言し、それをダーキニー（密教の守護女尊）たちに護《まも》らせた。

パドマサンバヴァはチベットに仏教が十分栄えたことを確認すると、羅刹の国（スリランカ）に行き現在もサンドクペル山（銅色山）で法を説いている。

なぜチベット人が観音についでパドマサンバヴァを崇拝するのかは、サムイェ建立譚《こんりゅうたん》にその答えが隠されている。チベット王ははじめ顕教の高僧シャーンタラクシタを招聘《しょうへい》してサムイェ寺を建立しようとした。しかし、チベットの鬼神を押さえられなかったため、呪力をもつ行者パドマサンバヴァをチベットに招聘した。この鬼神も王も跪《ひざまず》かせてきたパドマサンバヴァの強大な呪力こそが、彼がチベットで広く人気を博している理由であろう。

金剛手菩薩の化身レルパチェン王

「三人の聖なる父祖王」の最後を飾るのは金剛手菩薩の化身、レルパチェン王である。この通称は自らの左右の髷《まげ》（レルパ）の先に長い絹の紐《ひも》を結んで、左右に並ぶ僧侶の敷物にしたほど敬虔《けいけん》な仏教徒であったことに由来する。それまで、仏典をインドの言葉からチベット語に翻訳するとき、翻訳者によって訳語がバラバラであることが問題になっていたため、レルパチェン王は、インドの学者シーレンドラ＝ボーディ、ダーナシーラ、ジナミトラなどをチベットに招き、チベット人のカワ＝ペルツェクとチョク・ロ＝ルイ・ゲルツェン、シャン＝イェーシェーデの三人（カチョクシャンスム）に協力を命じ、『偉大なる語源解説の書』（マハー・ヴュット・パティ）という訳語統一のための辞書を編纂《へんさん》した。

後世、レルパチェン王の時代は、世界の三分の二を支配した時代と称えられ、同王は仏の力の化身である金剛手菩薩とみなされた。これはおそらくは、トゥルナン寺の門前に立つ唐蕃会盟碑が同王の時代に建てられたことから生まれたイメージであろう。

レルパチェンは反仏教勢力に暗殺され、その後に気性の荒いランダルマ王が王位に据えられた。八四一年以後、ランダルマ王と反仏教の大臣たちは寺や仏殿を破壊し、高徳の僧を殺し、普通の僧を遠い地に追い、最低の僧には狩猟を行わせ破戒を強要した。さらに、ネパール妃と中国妃がチベットにもたらした二体の釈迦像を川に投げ込むように命じたので、仏法を信じる大臣たちは釈迦像を台座の下に隠して守った。隠棲《いんせい》していたために難を逃れた僧ラルン・ペルキドルジェは護法尊のお告げによって王の暗殺を決意する。白い馬に墨を塗って黒くし、法衣の表を黒、裏を白くし、黒い帽子をかぶってボン教徒のような扮装《ふんそう》で、碑文の文字を読んでいるランダルマ王に拝礼するふりをして近づき射殺した。そのあと、ラルン・ペルキドルジェは馬の墨を落として白馬に戻し、法衣を裏返して白衣とし、追っ手をふりきって逃げた。この暗殺のエピソードはチベットの跳舞《チャム》の演目の一つ「黒帽の舞」で再現されている。

ランダルマ王の死後、王家は分裂し、ヤルルン王家が全チベットを支配する時代は幕を閉じたのである。

第二節　仏教の定着と宗派の誕生

王家の西遷と僧団の復興

ランダルマ王（在位八四一―八四二）の死後、王の二人の息子ウースンとユムテンをそれぞれ別の勢力が推したため、帝国は分裂した。後代の史書はウースンは王の実子であるが、ユムテンは「ユム（母）の言葉がテン（証拠）」という名が暗示するように出自が曖昧《あいまい》であり、ウースンの王家の方がより正統性があるように記している。

このウースンの孫キデニマグンは内戦に敗れて中央チベットから西に逃れ、その子孫はチベット高原の西部にマルユル（現在のラダック）、グゲ、プランの三王国を建設した。

古代帝国が崩壊した後、国家の保護を失った僧伽《そうぎゃ》（僧団）は衰退し、わずかに残った僧侶は高齢化が進んでいた。志願者に戒律を授けて僧にする儀式を行うためには、戒律を守った僧が二人から五人必要である。つまり、持戒者が三人をきると僧団は消滅してしまう。そこで、キデニマグンの孫であるガリの王ソンゲは、インドからダルマ・パーラとジニャーナ・パーダという二人のインド僧を招いて受戒して僧となり、イェーシェー・ウー（九四七―一〇一九）の法名を名乗った。王が率先して僧伽の復興を後押ししたのである。

一方、中央チベットから西チベットを経由して東チベットに逃れていた三人の僧が、二人の中国僧を加えて授戒儀式を行い、現地のボン教徒の子スゥセルバルを出家させた。のちにゴンパ・ラプセルと呼ばれるこの人物は中央チベット（ウ・ツァン）の一〇人に戒律を授けて僧団を復興し、一〇五〇年にはゲルラカン僧院が設立された。チベット高原は西にいくほど高度が増し、東にいくほど高度が下がるため、高・低は西・東と同義語である。そのため、西チベットの王イェーシェー・ウーがインド僧を招いて新たにインドから導入した律の系譜は、高地律（トゥードゥル）、東チベットのゴンパ・ラプセルから広がった古代帝国期から続く律の系譜は低地律（メードゥル）と呼ばれる。

イェーシェー・ウー王はチベットの若者を仏教の先進地カシュミール地域に留学させ仏教を学ばせた。この留学生の中から、大翻訳家リンチェン・サンポ（九五八―一〇五五）やゴク＝レクペー・シェーラプなどが現れた。リンチェン・サンポは通算一七年インドに滞在して、さまざまな師のもとで学び多数の経典をチベット語に翻訳し、九九六年に西チベットにトディン寺を建立した。リンチェン・サンポの時代のカシュミール地域には大日如来《だいにちにょらい》（毘盧遮那仏《びるしゃなぶつ》）を主尊とする金剛頂《こんごうちょう》系の密教が流行していたため、この時期西チベットに建立された寺の本尊は、日本の真言《しんごん》密教と同じく大日如来を中尊とする五仏が祀られている。ゴク＝レクペー・シェーラプが一〇七二年に中央チベットに建立したサンプ大僧院は、翻訳家として名高いゴク＝ロデン・シェーラプ（一〇五九―一一〇九）や、論理学の大家チャパ＝チューキ・センゲ（一一〇九―六九）を輩出し、仏教哲学研究の中心となった。

大学僧アティシャの到来

十一世紀に入り、インドから大学僧アティシャ（九八二―一〇五五。ディーパンカラ・シュリージュニャーナ）がチベットに到来したことにより、チベット仏教は本格的に復興の途についた。アティシャがチベットに招聘された因縁については、イェーシェー・ウー王の自己犠牲の物語が有名である。

イェーシェー・ウー王は晩年カルルク（トルコ系遊牧民）の捕虜となり、カルルクは王と同じ重さの金塊を身代金として要求してきた。家臣がかき集めた黄金は王の頭一つ分足りず、イェーシェー・ウーは、その金をインドからヴィクラマシーラ僧院の大学僧アティシャを招聘する資金にあてるように命じ、「私は今生においてあなたにお会いできないが、自分は命に代えてあなたを招請した、と伝えてくれ」と遺言した（ただし、同王はトディン寺で病死したという異説もある）。

アティシャはヴィクラマシーラ僧院の首席僧（上座）に三年で帰国することを約してチベットに向かい、一〇四二年に西チベットのグゲに到着し、トディン寺においてチベット王チャンチュプ・ウー（イェーシェー・ウーの弟の孫）に密教の灌頂《かんじょう》（密教の入門儀礼）を授けた。王はアティシャに「密教の教えはこれまでの教えと違っています。密教と顕教の修行や実践をどのような順番で学べばいいのかを本にしてください」とリクエストした。それに応えてアティシャが著したのが『仏の境地への道を照らす灯火』（ラムトン）である。ここに提示された修行階梯《かいてい》はのちに現れるチベット仏教の諸宗派、サキャ派、カギュ派、ゲルク派がすべて踏襲したため、チベット仏教の骨格ともいうべき教えとなった。

他者のために仏の境地をめざす

ここで『ラムトン』の内容を簡単に解説する。仏の境地（菩提《ぼだい》）に至るには「他者を救済する具体的な行動」（福徳／方便）と「空《くう》を実現した意識」（智慧）の二つが揃《そろ》って完成していなければならない。つまり、未熟な意識のままで行う救済行動や、行動を伴わない覚りの意識だけでは仏になることはできないのである。通常、この二つを完成するには天文学的な時間がかかる。たとえば、釈迦は仏になるまでに、三阿僧祇劫《あそうぎこう》という天文学的な時間を費やしたといわれている（阿僧祇は数の単位で一〇の六四乗ともいわれ、劫は時間の最長の単位である）。

一方、密教は永劫《えいごう》の修行を続けなくとも、「この生において仏の境地が実現する」（即身成仏）具体的な実修体系を説く。つまり密教修行は高速道路をフルスピードでとばすような危険な修行であるため、当然いろいろな問題が生じる。チャンチュプ・ウー王がアティシャに「密教の教えがこれまでの仏の教えと異なる」と言った背景には、当時密教行者の中に問題のある振る舞いをする者がいたことを示している。

この『ラムトン』の中で、アティシャは仏教を志す人を、その動機の大きさに応じて大士・中士・小士の三種類に分けた。まずもっとも小さな動機の人（小士）とは「来世によい生に生まれたいがために、仏道を修行する人」であり、この小士には「仏と仏の教えとその法を受け継ぐ僧」(三宝)に対する帰依を説いた。この「三宝への帰依」とは仏教徒のもっとも基本的な条件である。

次の中くらいの動機で仏教を志す人(中士)とは、「輪廻《りんね》を苦しみであると認識し、この輪廻から解脱《げだつ》することを目的とする人」である。小士が自分の幸せだけを思い、輪廻の生に甘んじているのに対し、中士は輪廻から脱出しようとしている点で小士より意識が高い。アティシャは中士には戒律を守り、瞑想をし、智慧を育む(三学)修行を説いた。

そして、大きな動機をもって仏教の修行を志す人(大士)とは「すべての命あるものたちを救済するために、仏の境地をめざす人」である。すべての命あるものの救済は常人には不可能であっても、時空を超えた仏の力を用いれば可能となる。大士が輪廻の中の生を選択するのは、自分のためではなく他者のためであるため、小士や中士よりも意識は高い。このっとも大きな動機をもつ大士に課せられた修行としては、いわゆる六波羅蜜《ろくはらみつ》、すなわち「与えること」(布施)・「戒律を守ること」(持戒)・「怒らないこと」(忍辱《にんにく》)・「努力すること」(精進《しょうじん》)・「瞑想」(禅定《ぜんじょう》)・「智慧」(般若《はんにゃ》)を説いた。最後から二番目の「禅定」は、「精神を一点に集中させること」(止)と「その集中した精神をもって意識を観察すること」(観)という二種類の瞑想から成り立つ。そしてこの「禅定」を行った結果得られる意識の状態が、「智慧」すなわち仏の意識なのである。この最後の「禅定」と「智慧」にあたる部分が密教の実践修行にあたる。

この三種類の修行者のうち、もっとも推奨されるあり方はもちろん「大士」、すなわち菩薩の生き方であるが、小士、中士と一歩一歩段階を進んでいくことが重要であり、いきなり大士として密教の修行に取りかかることは否定されている。また、小士・中士の段階にある者もその状態に安住せず大士をめざすべきことが推奨される。

同書は、修行のはじめに戒律を置くことにより、無規律な密教者の出現や密教経典（タントラ）の恣意《しい》的な解釈を防ぎ、かつ、王が疑問に感じていた仏教哲学（顕教）と実践修行（密教）の矛盾に対しても見事な答を出したのである。

アティシャの『ラムトン』は仏教の基本的な考え方をまとめたものであるが、執筆を依頼したのがチベット王であること、執筆者が大学僧アティシャであること、哲学と実践をどのような順番で行うべきかを誰にでもわかる平易な形で提示したことなどにおいて、チベット仏教の画期となる書物となった。

宗派仏教の時代の始まり

チベットにきて三年たった頃、アティシャはヴィクラマシーラ大僧院に帰還するべく西チベットのプランにまで行った。しかし、そこでかつてターラー菩薩が「チベットにおいて観音の化身が在家の弟子の姿であなたを待っている」と予言した弟子ドムトン（一〇〇五―六四）と出会い、ドムトンの求めに応じて中央チベットに向かった。アティシャは結局インドに戻らないまま中央チベットのニェタンの地で七十三歳で遷化《せんげ》した。アティシャの死後まもない一〇五六年、ドムトンはラサの北方にラデン大僧院を建立した。この僧院を本山としてアティシャの教えに従い、独身の戒を保ち、飲酒を避け、仏教哲学の研究と実践修行に励む人々はカダム派と称されるようになった。

アティシャ終焉の地ニェタン（撮影・著者）

チベットの歴史書では、ランダルマ王以前の仏教を前伝仏教（ガダル）、アティシャのチベット入りにより復興した仏教を後伝仏教（チダル）と呼んで区別する。

後伝仏教期には、カダム派以外にも同時代のインド後期密教を導入して成立したサキャ派、カギュ派、古代帝国期の密教を奉じるニンマ派などの密教を重視する宗派に、カダム派の教えを発展させ、顕教を重視したゲルク派など現代にまで続く四大宗派が次々と成立した。これらの集団はその時々のチベットの覇権を握り、十七世紀にダライ・ラマ政権を成立させたゲルク派が、現在に至るまで最大宗派を形成している。

なぜ密教は「秘密の教え」なのか

仏教哲学は、多くの弟子に対して教えを顕《あら》わにして講義ができることから顕教と呼ばれる。一方この哲学を言葉だけでなく意識の上に実現するための実践修行は、師が弟子の体と心の状態を見極めつつマンツーマンで指導して行うものであり、講義化が不可能であるため「密教」と呼ばれる。一回の生で成仏をめざす密教は高速道路をとばすような危険を伴うため、正しい師について指導を受けないと大事故が起きてしまう。そのため、修行者が独学で修行を始めることがないよう密教経典は暗号化・記号化されて記され、師の解説なしでは理解できないようになっている。

チベットでは密教経典を、所作タントラ、行タントラ、ヨーガ・タントラ、無上ヨーガ・タントラの四種類に分類し、これはほぼ密教経典の発展段階と一致する。この四分類のうち最初のものほど身体で行う所作や儀式的な要素が重視され、後者になるほど意識の内面、すなわち「観想」が重視される。日本においては真言宗が奉じる『大日経《だいにちきょう》』が行タントラ、

『金剛頂経《こんごうちょうきょう》』がヨーガ・タントラにあたり、無上ヨーガ・タントラにあたる経典はほぼ普及しなかった。

密教の修行を始めるにあたっては、師から許可を授かる儀礼「灌頂」(ワン)を受けねばならない。「灌頂を授ける」ことがチベット語で「力」(ワン)を「授ける」(クル)という意味であることが示すように、灌頂儀礼においては、本尊と一体化した師から弟子が本尊の力を分与され、将来その本尊の境地を得るための種を植え付けられる。

灌頂を受けた弟子は、本尊の尊像や仏画を前にして、自らの体と言葉と心を、本尊の身体と言葉と心に一体化するシミュレーション(成就法)を行うことを許可される。これらの観想の中には「無から世界を作り上げる観想」(生起次第《しょうきしだい》)、その逆に「死に向かって意識を空《くう》に向かわせる観想」(究竟次第《くきょうしだい》)があり、これらを毎日繰り返し実践することにより、段階的に意識を「空を認識した意識」(智慧)に近づけていく。

無上ヨーガ・タントラの本尊は多面・多臂《たひ》でなおかつ、男尊と女尊《ヤブユム》が合体した姿(ヤブユム)で表現される。このため、チベット仏教では性行為が推奨されていると誤解する者もいるが、女尊は仏の智慧(空)を、男尊は方便(すべての命あるものを救済する行為)を象徴し、男女尊はこの智慧と救済行動が一体となった仏の境地を示している。つまり、「仏の境地」という形のないものを観想するさいのよすがとして男女尊の姿は存在しているのである。

チベットの最大宗派ゲルク派では、『グヒヤサマージャ・タントラ』を重視し、その本尊は男女尊の姿をとる。しかし、戒律重視のゲルク派では修行にあたって性行為が実践されることはむろんない。男性行者が女性修行者と実際に関係をもつ宗派もあるが、その場合もそれは普通の男女の営みではなく密教の修行とみなされた上で行われている。

古代の密教を奉じるニンマ派

後伝仏教期、後期密教がチベットに導入され、カギュ派、サキャ派などの新しい宗派が生まれると、それより前から存在していた密教を奉じる人々は「古代の密教を奉じる人々」という意味でニンマ派（古派）と呼ばれるようになった。彼らはティソン・デツェン王の時代にチベットに招請された行者パドマサンバヴァを開祖と仰ぎ、古代王朝期に記されたという独自の経典群を奉じる。

時代的に離れた古代の仏教を奉じるため、ニンマ派は相承ルートについて詳しい説明を行う。そのルートは三ルート説ないし六ルート説があり、一例として三ルート説をあげると、「口伝による教え」「ヴィジョンによる教え」「埋蔵教説（テルマ）による教え」の三つがある。「口伝による教え」とは、師匠から弟子へと受け継がれてきた教えを指し、その遼遠《りょうえん》さから「遠伝教説」の別名がある。次の「ヴィジョンによる教え」とは、瞑想中に見るヴィジョンを介して時間・空間を超えて伝達される教えである。

そして最後の「埋蔵教説（テルマ）による教え」はチベットに特徴的なものであり、ソンツェン・ガムポ王やパドマサンバヴァなどの古代の聖者が過去に埋蔵した教説やシンボルを、後世の予言されていた人が発掘して世に出したものを指す。埋蔵教説は多数の人の手を介さず、古代王朝から後伝期の人の手に直接わたることから、「近伝教説」の異名がある。教説の発見者はテルトンと呼ばれ、なかでもとくに著名なのは「下の二人」と呼ばれるニャンレル・ニマ・ウーセル（一一二四―九二）、グル・チューワン（一二一二―七〇）と、「上の二人」と呼ばれるドルジェ・リンパ（一三四六―一四〇五）、ペマ・リンパ（一四五〇―一五二一）である。これらの埋蔵教説群を、十五世紀にはラトナ・リンパ（一四〇三―七九）が『百万ニンマ経典《ニンマギューブム》』に、十九世紀には無宗派運動の担い手として名高いコントゥル＝ユンテン・ギャンツォ（一八一三―九九）が『宝のごとく貴いテルマの蔵《リンチェンテルズー》』の名のもとに集成した。

十七世紀にチベットを統一したダライ・ラマ五世（一六一七―八二）もニンマ派の行者であり、かつ、テルトンとして知られ、『二五の秘密のヴィジョン《カーギャ》』という文献群を発掘している。

チベットには三大文殊と称えられる哲学の大成者が三人おり、ニンマ派の哲学を体系化したロンチェン・ラプジャムパ（一三〇八―六四）はそのうちの一人である。彼はニンティク

(心滴)という修行体系を確立し、それは十八世紀にジクメ・リンパ(一七二九—九八)によって大成された。

ニンマ派の教義においてはすべての仏教の教えを「九つの乗り物(乗)」に分類し、その頂点に、アティ・ヨガすなわちゾクチェン(偉大なる完成)の教えを据える。その境地を完成した修行者は、あらゆる日常の時間、行動、体験を超越するといわれている。

ニンマ派は、他宗教と比較して集団化・組織化・中央集権化の力が弱く、僧院についても宗祖と仰ぐパドマサンバヴァの時代にチベット最古の僧院サムイェ寺が建立されて以後、長らく大僧院が建立されることはなく、十二世紀に入っても、チョクパ・チャンチュプ・ゲルツェンによって中央チベットにネチュン寺が、また、カダムパ・デシェク(一一二二—九二)によってカムにカトク寺が設立されたくらいであった。

ニンマ派の勢力が政治を左右するほど強大化するのは、ニンマ派の行者としても名高いダライ・ラマ五世の時代である。中央チベットにおいてはダライ・ラマ五世のニンマ派の師でもあり弟子でもあったリクジン・テルダクリンパ(一六四六—一七一四。別名ミンリン・テルチェン・ギュルメ・ドルジ)が一六七六年にミンドゥルリンを建立し、一六三二年にはリクジン・ガキワンポ(一五八〇—一六三九)がドルジェタク寺を建立した。そしてカム地方には、一六六五年にリクジン・クンサン・シェーラプ(一六三六—九八)によってペルユル寺が、

現在のサキャ寺（撮影・渡部秀樹）

一六八五年にはゾクチェン・ペマ・リクジン（一六二五―九七）によってゾクチェン寺が、一六九五年にはシェチェン・ラプジャムパ（一六五〇―一七〇四）によってシェチェン寺が建立された。このうちカトク、ミンドゥルリン、ドルジェタク、ペルユル、ゾクチェン、シェチェンの六ヵ寺がニンマ派の六大本山として知られている。

名家クン氏が運営するサキャ派

アティシャがインドからチベットに来訪したのとは逆に、チベットからインドやネパールに留学し、当時インドで流行していた後期密教を学ぶ者たちもいた。このうちドクミ（九九二―一〇四三？）とマルパ（一〇〇二／一二―一〇九七／一一〇〇）は密教経典のチベット語への翻訳者として有名で、前者はサキャ派、後者はカギュ派の開祖として崇められている。

ドクミはインドのヴィクラマシーラ僧院で大行者シャーンティパについてヘーヴァジラ尊

を本尊とする密教経典を八年間学んだ。このドクミの弟子クンチョク・ゲルポ（一〇三四―一一〇二）は当時の密教行者たちの乱行を憂い、一〇七三年にインドから導入した新しい密教の修行場として、サキャの地に寺を建てた。この寺は、クンチョク・ゲルポの息子サチェン（大サキャ）＝クンガー・ニンポ（一〇九二―一一五八）の時代に至って教団を形成した。クン氏は六大氏族の一つとして知られる名家であり、同派の主宰者は現在に至るまでクン氏出身者が務めている。

サキャ派の哲学の中心をなす「道果説《どうかせつ》」は、普通の人の目に映るこの世界（輪廻）も仏の境地（涅槃）もいずれも意識から生み出されるもので、本来は同一であることを説く。

サキャ派の法はクンガー・ニンポの二人の息子ソナム・ツェモ（一一四七―一二一六）とタクパ・ゲルツェン（一一四二―八二）に受け継がれ、さらに、この二人の甥《おい》（クンチョク・ゲルポから見るとひ孫）のサキャ・パンディタ＝クンガー・ゲルツェン（一一八二―一二五一）に至って、サキャ派は政治的・学問的に大きく飛躍した。サキャ・パンディタはインド、ネパール、カシュミールを歴訪して論理学や律などの顕教、ならびにサンスクリット語の修辞学、占星術などを修めて、パンディタ（大学者）の称号を得た。サキャ派の教学を確立したサキャ・パンディタは、三大文殊の一人にも数えられ、政治的にはモンゴル帝国での布教に成功し、チベットにおけるサキャ派の覇権確立に道を開いた。それについては後述する。

インドの大行者たち

カギュ派の祖師マルパはインドの行者テーローパからナーローパへ受け継がれた密教の根源仏ヴァジラダラ仏（持金剛仏）の覚りの境地「マハームドラー」（大印契《だいいんげい》）の修行体系をチベットにもたらした。ナーローパとその師テーローパ（九八八―一〇六九）の師弟関係は密教の激しさ、危うさを余すことなく伝えてくれる。

テーローパは東ベンガル地方（現在のバングラデシュ）のバラモンの家系に生まれ、サラハ、密教のナーガールジュナ、マータンギーなどの大行者のもとで学び、一二年の瞑想修行ののちに覚りを開いた、インドの「八四人の大行者」の一人に数えられる著名な行者である。

ナーローパはテーローパの名声を聞き、弟子になろうと彼を探す旅の中で、東部インドのとある僧院に立ち寄った。すると、僧院の厨房《ちゅうぼう》にみすぼらしい老人が入ってきて、生きた魚を火であぶって食べはじめた。僧たちはやめさせようとしたが、老人は動じず「その魚を水に入れてみろ」と言う。言う通りにすると、焦げた魚はたちまち生き返って泳ぎ去っていった。これを見たナーローパはこの老人こそまさに探していたテーローパだと気づいてひれ伏した。

このテーローパの奇蹟《きせき》は「高いレベルに達した密教行者の振る舞いは、常人の目には奇行に見えても実はそうではない」という行者エピソードの典型である。「常人」には、ただの奇行か幻なのかは区別がつかないため、その行動をどう評価するかで歴史上何度も社会が分断した。

テーローパはナーローパに対して、寺院の三階から飛び降りろ、火の中に飛び込め、村人をわざと挑発して殴られろ、手指をきって供物としろなどの無理難題を課し続けたが、ナーローパはその通りに実行したので、テーローパはその帰依の心を認めてナーローパを弟子とした。

師の理不尽な要求に従い続ける弟子という構図も、密教の師弟関係に頻出するモチーフである。しかし、この場合も師の乱行が弟子の信仰を試す試練なのか、もって生まれた粗暴さなのかの区別がつかないため、後者の場合は弟子は仏法ではなく被害を受けることになった。さらに、困ったことにいつの時代も真面目《まじめ》に修行と研究を行う学僧よりも、破天荒に権威を笑い飛ばす密教行者の方が大衆の心を摑《つか》んできたのである。

吟遊詩人ミラレパの生涯

ナーローパの「幻身」「ポワ（意識の転移）」「夢」「光明」「内なる熱」等のヨーガに関する「四相承系譜」（カパプシ）はマルパ・チューキ・ロドゥー（以下マルパ）によってチベット

にもたらされた。マルパはドクミのもとで翻訳家としての修行を積み、法を求めてインドに三回、ネパールへ四回訪問し、一〇八人の導師や行者のもとで学んだ。マルパは自らの法灯を息子を含めた多くの人に授けたが、なかでも際だって著名な弟子は行者ミラレパ(一〇四〇―一一二三)である。ミラレパの生涯とマハームドラーの境地を得た後の遊行《ゆぎょう》の中で紡がれた美しい歌は、チベットでは広く知られている。その生涯は、復讐《ふくしゅう》に生きた陰惨な前半生とマハームドラーの境地を得た後の放浪の行者としての後半生に二分される。

ミラレパの父はチベットの名家キュンポ氏、母はニャン地方の王族の出であり、一〇四〇年に南チベットのグンタンに誕生した。幼児期は何不自由ない暮らしを謳歌《おうか》していたが、七歳のときに父が他界すると状況は一変した。後見人となった叔父は一家の財産を横領し、ミラレパ母子を召使いの身分に落として虐待した。母はミラレパが十五歳になると財産を返還するように叔父に迫ったが、叔父夫婦は、財産ははじめから自分たちのものであると居直り、母子を家から追い出した。

母の精神は異常をきたし、呪術師となって叔父夫婦に復讐するようにミラレパに強要した。黒魔術をマスターしたミラレパは叔父の子供たちを呪殺し、村人の畑には霰《あられ》を降らせて壊滅させた。

復讐が完遂した後、ミラレパはその悪業の報いを恐れ、高名なマルパの弟子になる決意をした。二人が出会う前夜、マルパとその妻ダクメマはミラレパとの出会いを予感した夢を見る。夢の中でマルパは師ナーローパから汚れた水晶の金剛杵と金の水瓶《すいびょう》を授かった。ナーローパは「この水瓶の水で金剛杵の汚れを洗い落とし、勝幢《しょうどう》の先に掲げなさい。そうすれば古に成仏された仏たちも、命あるものたちも喜ぶであろう」と言った。この夢は前半生の悪業によって汚れていたミラレパ（汚れた金剛杵）がマルパの教えによって洗い清められ、その名が世界中に轟く（勝幢の先に掲げられる）ことを暗示していた。

はじめマルパはミラレパに無理難題を課しては、殴る蹴《け》るの暴行を繰り返した。ミラレパはダクメマに陰ながら支えられつつこの試練を乗り越え、最終的にマルパから灌頂を授かった。マルパがミラレパに対してふるった理不尽な暴行の数々はミラレパが前半生に犯した罪を雪《すす》ぐためであったとされる。

ミラレパはこの後、タカルタソ窟《くつ》

ミラレパ　ギャンツェのペンコルチューデ寺（撮影・著者）

に籠《こ》もって瞑想修行に入った。食物がつきると洞窟のまわりに生えている苦いイラクサをゆがいてその苦汁をすすったので体の色は緑色に変色した。飢餓状態で瞑想するミラレパの体からはやがて服がはがれおち、髪は変色し歯は緩み、鳥は人とは思わずその体の上に巣を作った。ミラレパの姿が青黒い色で描かれるのはこのためである。

この後、ミラレパはついにマハームドラーの境地を得て、放浪の生活の中で「富貴・貧乏、名声・悪名、賞賛・誹謗《ひぼう》、幸福・不幸という世俗の対立概念（世八法）とは無縁のヨーガ行者こそ、真の修行者である」と歌いながら、僧院において安逸な生活をむさぼる学僧たちを批判した。

カギュ派の四大分派

放浪に生きたミラレパは教団を作らなかったが、弟子の中で「太陽のような」と称えられたタクポラジェ（一〇七九―一一五三）がカギュ派の教学を確立したため、さまざまな分派が生まれた。タクポラジェは主著『覚りに向かう道の飾り』（ラムリム・タルゲン）の中で、アティシャの『仏の境地への道を照らす灯火』（ラムトン）の修行階梯を骨格にして、マハームドラーの法とナーローパの説いた六つのヨーガ技法を統合した。タクポラジェの四人の直弟子、パグモドゥパ・ドルジェゲルポ（一一一〇―七〇）、ドゥスム・ケンパ（一一一〇―

九三)、ツルティム・ニンポ(一一一六―六九)、バロム＝ダルマ・ワンチュク(一一二七―九九)からは、それぞれカギュ派の四大分派(パグモドゥ＝カギュ派、カルマ＝カギュ派、ツェルパ＝カギュ派、バロム＝カギュ派)が生まれ、さらにパグモドゥ派から八大支派が生まれた。

以下カギュ派の四大分派の歴史について順に述べよう。

パグモドゥパを慕って集まってきた行者たちの修行小屋は、一一五八年、最初期のカギュ派の僧院デンサ・テルへと発展した。パグモドゥ派は有力氏族ラン氏の後援を受けて発展し、ラン一族からデンサ・テルの事務官が輩出し、僧院長の座はラン氏出身の僧の叔父から甥へと継承された。

カルマ派の開祖のドゥスム・ケンパは一一八九年に中央チベット北部にツルプ寺を建て、初期カルマ派はこのツルプの座主が主宰した。同寺の二代目座主、カルマ・パクシ(一二〇四―八三)はモンゴル帝国期のフビライの宮廷で活躍したため、その後はカルマ・パクシの男系の甥から座主が輩出した。やがてツルプ寺と支持勢力の多く住む東チベットの間を往来するガルパ(天幕集団)、カルマ・パクシの転生者を奉ずるようになり、カルマ派の権力中枢はカルマ・パクシの末裔から転生者の系譜へと移行していく。

ツェル派は、タクポラジェの四大弟子の一人ツルティム・ニンポの弟子シャン＝ユタクパ＝ツォンドゥー・タクパ(一一二三―九三)を開祖と仰ぎ、シャンが一一八七年に中央チベットのツェルに建立したツェル・グンタン僧院を根拠地とした。モンゴル軍がチベットへ侵攻してきたときの交渉窓口がツェル派の僧であったことは、当時のツェル派の政治力の強さを示している。

タクポラジェの直弟子バロム＝ダルマ・ワンチュクを開祖とするバロム派は、同じく十二世紀にラサの東北に建てられたバロム寺を根拠地とした。

カギュ派の八大支派

四大分派の一つパグモドゥ派からは、さらに現在にまで続くディグン＝カギュ派、タクルン＝カギュ派、ドゥクパ＝カギュ派をはじめとする八大支派が生まれた。

ディグン＝カギュ派はパグモドゥパの弟子キョプパ＝ジクテン・ゴンポ（一一四三―一二一七）が一一七九年にラサの東に建立したディグン寺に、タクルン＝カギュ派はタクルン・

かつてのツェル・グンタンの仏塔

タンパ（一一四二―一二〇九）によってラサの北に一一八〇年に創建されたタクルン寺にちなんだ名称である。

ドゥクパ＝カギュ派はパグモドゥ派の弟子リンレーパ＝ペマドルジェ（一一二八―八八）とその弟子大ドゥクパ一世ツァンパ＝ギャレーパ（一一六一―一二一一）を創始者と仰ぐ。根拠地は初期はラサの西南のナムドゥク寺であったが、のちには大ドゥクパ四世クンケン＝ペマカルポ（一五二七―九二）が一五七四年にラサの東南に建立したドゥク＝サンガク・チューリン寺に移った。現在チベット仏教文化圏の中で唯一の独立国として存続しているブータンは、この派の僧シャブドゥン＝ガワン・ナムゲル（一五九四―一六五一）が十七世紀にブータンに移住して建てた政権である。

八大支派のうち、マルツァン＝シェーラプ・センゲによって創始されたマルツァン派、パグモドゥパの従兄《いとこ》であるリンポチェ・ゲルツァがトプ寺を建立して創始したトプ派、イェルパ＝イェーシェー・ツェクによって創始されたイェル派、ツルティム・センゲによって始められたシュクセプ派、イェーシェー・センゲによって創始されたヤーサン＝カギュ派は、他派に吸収されて現在は消滅している。

第三節　モンゴル帝国を虜にしたチベット仏教

古代チベット帝国が崩壊すると、各地に派遣されていたチベット兵は土着化し地域政権を設立した。涼州《りょうしゅう》では西チベットに逃れたウースンの玄孫ティデを王に迎え、一〇一五年青唐国《せいとうこく》が建国された。この王統は「仏の子」（菩薩の異名）を意味するゲルセー（唃厮囉《こくしら》。十—十一世紀）号で呼ばれ、一一〇四年にやはりチベット系の西夏《せいか》に滅ぼされた。

パクパ（左）とサキャ・パンディタ（右）　ゴンカルチューデ寺（撮影・著者）

西夏（一〇三八—一二二七）は東西貿易の要衝であるオルドス地域に建国され、独自の文字を作成し、五代皇帝仁宗《じんそう》（在位一一三九—九三）の時代に最盛期を迎えた。同王の治世、インド・チベット系の後期密教の経典や儀軌《ぎき》が多数西夏語に翻訳され、サキャ派やカギュ派の高僧も招聘された。その西夏も一二二七年にモンゴルのチンギス＝ハンの侵攻を受けて滅ぼされた。

モンゴル帝国が征服地に課した義務

チンギスとその子孫がユーラシアに広大な帝国を築き上げる過程において、グユク＝ハーン（在位一二四六―四八）の時代にハーンの弟クデンがチベットに侵攻した。クデンが「モンゴルには仏道を熟知し、それを人に伝えることができる高僧が必要である。現在、中央チベット（ウ・ツァン）にいる高僧のうち、誰が一番であるか」と問うと、チベット側は「僧団としてはカダム派が大きい、俗世の法についてはタクルン派が優れている。僧団の勢威はディグン派が大きい、仏法についてはサキャ派が優れている」と答えた。結果として、当時サキャ派の座主であったサキャ・パンディタ＝クンガー・ゲルツェン（以下、サキャ・パンディタ）がパクパとチャクナの二人の甥をつれてモンゴルに向かった。

このエピソードを理解するためには、モンゴル帝国が被征服地に対して課していた以下の義務を知らねばならない。

（一）被征服国の王はモンゴル宮廷に出廷すること。
（二）皇太子をケシク（宿衛）に差し出すこと。

（三）戸籍を編纂すること。
（四）モンゴルの軍事作戦に協力すること。
（五）納税すること。
（六）帝国より派遣されるダルガチ（総督）の支配を受けること。
（七）駅伝を設置すること。

チンギス＝ハンが定めたとされるこれらの義務を履行すれば、被征服地は破壊を免れ、その社会体制・文化は存続を許された。

（一）は征服した国の民に敗北を思いしらせるための降伏儀礼であり、（二）は征服された国の皇太子を人質としてモンゴル宮廷に接収し親衛隊（宿衛）に入れて、モンゴル帝国の一員としてのアイデンティティを身につけさせるためのものである。（三）から（七）はモンゴル帝国の征服戦争に対して広義の意味での協力を要請したものであり（たとえば戸籍簿の編纂によって軍隊に徴収する壮丁の数がわかる）、これらの義務の遂行を促す現地の監督官が（六）のダルガチである。

つまり、クデンが「最高の聖者」を要求したのは、王よりも高僧が権威をもつ仏教国家チベットに対して、（一）の項目をチベットの状況に即して適用したものとされる。

この要請に応えて一二四四年、モンゴルに向かったのが、前述したサキャ派の五代目座主サキャ・パンディタであった。サキャ派の座主はクン氏一族から出すことがならいとなっており、サキャ・パンディタは清僧《せいそう》で子供がいないため、その地位は甥であるパクパかチャクナが継ぐことになっていた。サキャ・パンディタが二人の幼い甥を伴ってモンゴル宮廷に赴いたのは（二）の義務を履行するためであったと思われる。

宗教者を尊重したモンゴル帝国

チンギス＝ハンの世界征服は何かと血塗られたイメージで語られがちであるが、宗教者に対しては非常に寛容な政策をとっていた。チンギスの子孫たちはチンギスにならい宗教者を尊重し、宗教者からの略奪を禁じ、税を免じていたため、モンゴル帝国の首都にはネストリウス派、カトリック、イスラーム教、道教《どうきょう》、仏教などさまざまな宗教の聖者が集まってハーンを自宗教に改宗させようとしていた。

ハーンはこれらの宗教者の間で教義を戦わせて、勝ったものをより優遇した。モンケ＝ハーン（在位一二五一―五九）の宮廷を訪れたカトリックのフランス人宣教師ウィリアム・ルブルック（英語名）は、このディベートへの参加を促されたが、拒否したことを旅行記に記している。

サキャ・パンディタは論理学の大家であったため、ディベートに勝ち進み急速に頭角を現したが、道半ばの一二五一年に涼州（蘭州《らんしゅう》の説もあり）で客死した。サキャ・パンディタの死後、甥のパクパ（中国読みではパスパ）は、道士（先生）や曹洞宗《そうとうしゅう》の僧侶などとのディベートに勝利し続け、一二五八年にはモンケ＝ハーンの弟であるフビライ（在位一二六〇―九四）にサキャ派の重視する密教経典『ヘーヴァジラ・タントラ』の灌頂を授けた。

ヘーヴァジラ尊を含む無上ヨーガの灌頂儀礼は四部構成であり、第四部は一言口伝であるため実質三部構成である。サキャ派の史書によると、フビライはパクパに第一部灌頂の返礼として中央チベットを、第二部の返礼としてはチベット全土（ウ・ツァン、アムド、カム）を、第三灌頂の返礼としては「漢地」を献じた、とされている。仏教に帰依した王が国土を僧団に布施する行為は、紀元前三世紀にインドを統一したマウリヤ朝のアショーカ王以来、国王の究極の布施として知られている。このフビライの漢地の布施は一見伝説にすぎないように見えるが、史実の一面を反映してもいる。以下にそれを見ていこう。

パクパによるモンゴル王権のプロデュース

フビライはパクパから灌頂を授かった二年後の一二六〇年にハーン位につき、パクパを国師に推戴し、帝国の宗教を司《つかさど》る総制院《そうせいいん》（のちに宣政院《せんせいいん》に改称）の長に任じた。パクパの弟の

白傘蓋仏（チベット仏教美術館蔵。撮影・著者）

チャクナも元《げん》朝の皇室の女性を下賜され白蘭王《びゃくらんおう》に任じられた。

フビライによる漢地攻略は進み、一二六七年に、現在の北京のある地に新たな都、大都《だいと》の建設に着手した。建設の始まった丁卯《ていぼう》年は、チベットにおいては釈迦が涅槃に入った干支《えと》であり、六十年一周期のチベット暦の第一年にあたる。この年、パクパのアドバイスに則《のっと》り、宮殿の正門である崇天門の前には金輪《きんりん》が掲げられ、そこから四本の鉄線が四方に張られ、金《きん》輪王《りんおう》がスメール山のまわりの四方の国を支配するさまを示した。金輪王とは『阿毘達磨倶舎論《あびだるまくしゃろん》』に説かれる理想的な帝王、転輪聖王《てんりんじょうおう》の中でも最高のものであり（他に銀輪王《ぎんりんおう》、銅輪王《どうりんおう》、鉄輪王《てつりんおう》がいる）、誕生と同時に天から金の輪がおりてきて城の東西南北の門から転がり出る。その輪を迎えた国は自ら降伏してくるので、武力ではなく仏教（法輪）によって世界を支配する王である。つまり、パクパは大都の正門に金輪を掲げることにより、フビライを金輪王になぞらえたのである。

また、同じくパクパの進言により、フビライの王座の上には、白い傘蓋《さんがい》（パラソル）が置かれた。この傘蓋は、疫病や飢饉《ききん》や外国軍の侵攻といった禍《わざわい》から傘のように人や国を護《まも》る力をもつ白傘蓋仏《びゃくさんがいぶつ》のシンボルである。『白傘蓋経』はフビライが漢訳を命じるまで中国には存在せず、チベット仏教界で流行していたものであった。この王座の上の白傘蓋は一年に一度立春の日に王座から下ろされ、神輿《しんよ》にのせられて都を一周し不祥を祓《はら》った。この仏事は王都に春を告げる最大の年中行事となった。

フビライは帝国内で使用される言語を音写するためにパクパに文字の作成を命じ、パクパはチベット文字をモデルにいわゆるパスパ文字（八思巴文字）を作成した。この文字は横書きのチベット文字を縦書きにも使用できるよう方形にデザインしたもので、東洋のロ

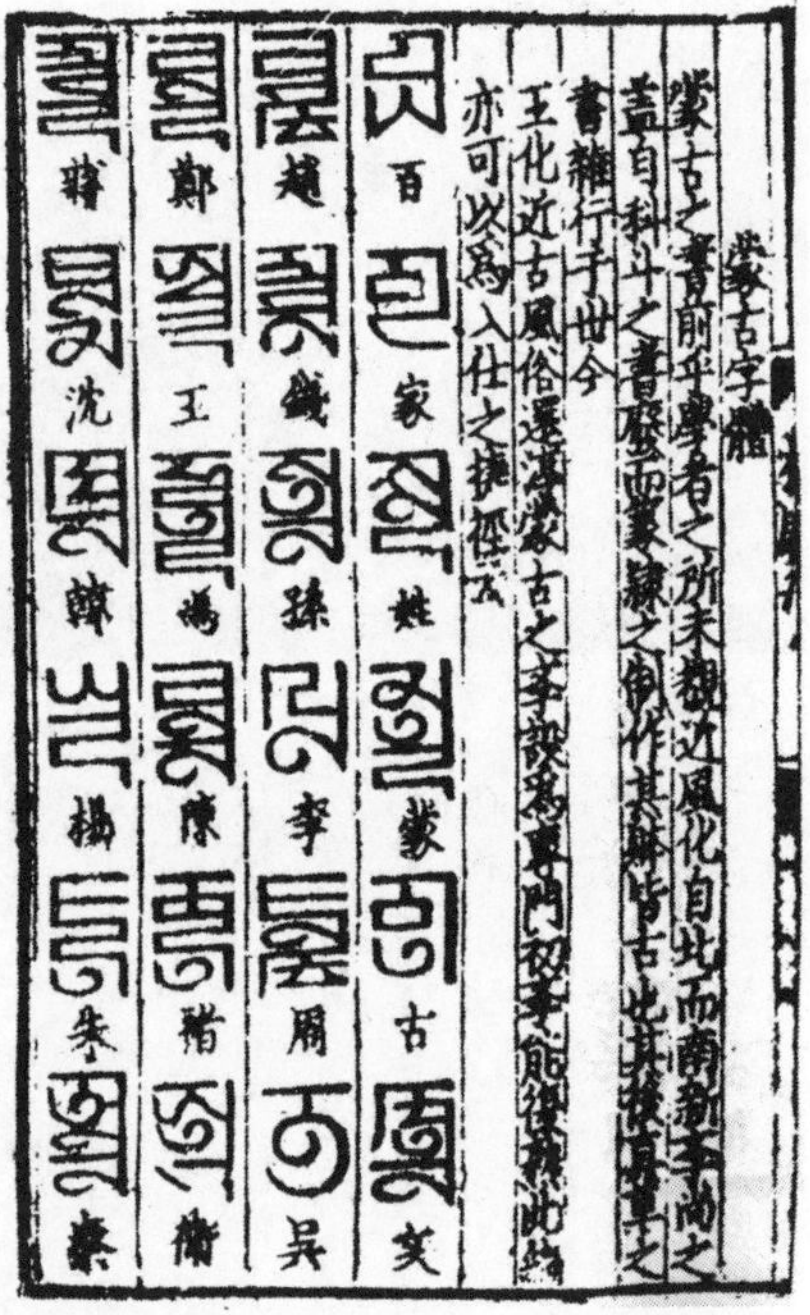

パスパ文字

ゼッタ・ストーンといわれる居庸関《きょようかん》碑文にも刻まれており、現在に至るまで典礼文字として用いられている。

フビライの支援のもと、クン氏一族をはじめとするサキャ派は帝師や国師を輩出し、一〇〇年近くチベットに君臨することとなった。前述したフビライがパクパにチベットや漢地を布施したという伝説は、この元朝全土に及んださキャ派の勢威に基づいて生まれたものと思われる。

サキャ五祖

クンガー・ニンポからパクパに至るまでの五人のサキャ派の座主は「サキャ五祖」と呼ばれる。初代から三代目までは俗人であったため「白のお三方」（カルポ・ナムスム）と呼ばれ、サキャ・パンディタとパクパの二人は緋色《ひいろ》の法衣をまとった僧侶であったため「赤のお二方」（マルポ・ナムニ）と呼ばれた。サキャ・パンディタの弟の玄孫一五人のうち、もっとも年長の帝師クンロ（一二九九―一三二七）の時代までは、サキャ寺の座主がサキャ派の統括を行っていたが、クンロの四人の兄弟がシトク、リンチェンカン、ラカン、ドゥチョーの四ポタン（王家）を立てたため、それ以後、座主の権力は衰退していった。この四王家のうち最初の三王家は早くに消滅し、残るドゥチョー宮が十五世紀に二つに分裂して現存するドルマ宮、プンツォク宮の二王家となった。現在、サキャ派の座主（サキャ・ティジン）はこの二つの王家から交互に輩出されている。

サキャ派には「サ・ゴ・ツァル・スム」（サキャ、ゴル、ツァルの三派）と並称されるゴル派、ツァル派という二つの分派がある。ゴル派はゴルチェン＝クンガー・サンポ（一三八二―一四五六）を宗祖と仰ぎ、ゴルチェンが一四二九年に建立したゴル寺を本拠地とする。同寺は戒律を厳格に守る伝統で知られ、女性（尼僧を含む）や俗人を境内に近づけることを嫌った。カム地方の「男か女かの区別はゴル寺の境において明らかになる」ということわざは、ゴル派の厳しい伝統を裏書きしている。

サキャ派のもう一方の分派ツァル派は、ツァルチェン＝ロセル・ギャンツォ（一五〇二―六六）によって創始され、この派のみに伝えられる「ツァルの黄金の十三法」を奉じる。この法はかつては、ロントン＝シェーチャ・クンリク（一三六七―一四四九）が一四三六年にラサの北のペンユル（現ルンドゥプ県）に建立したナーランダ寺において相承されており、ダライ・ラマ五世はこの派の僧ゴンポ・ソナムチョクデン（一六〇三―五九）を通じてツァル派の法を得たことから、ゲルク派の中にもツァル派の教えは息づいている。

転生相続制の始まりとカギュ派政権

カルマパが明廷で起こした奇跡を記した絵巻（甲央、王明星主編（2000）『中国西藏歴史文物：宝蔵 第3冊』朝華出版社）

モンゴル人による中国支配の末期に、カルマ＝カギュ派内でチベット仏教を特徴づける転生相続制が始まった。カルマ派の主宰者であるツルプ寺の座主は前述したように二代目ツルプ座主であったカルマ・パクシの男系の甥が務めていた。一方、ツルプ寺三代目座主のランチュン・ドルジェ（一二八四―一三三九）の時代、グイグンパ（語源は「国公」）号を継承する人物がカルマ・パクシの転生者を認定した。つまり、カルマ派の中にはカルマ・パクシの末裔に加え、カルマ・パクシの転生者という新たな勢力が台頭したのである。グイグンパに擁されたカルマ・パクシの転生者はツルプではなく天幕集団（ガルパ）に根拠地を置き、その勢威は徐々に宗祖の血縁者をしのぐようになり、最終的にゲルワ・カルマパ（勝者カルマパ）の尊称のもと、転生を繰り返しつつカルマ派を主宰するようになった。ゲルワ・カルマパはダーキニー尊の髪で編んだといわれる黒い帽子を代々継承するため黒帽派（シャナク）とも呼ばれる。

ここで高僧の「転生」について、チベット人がどのように認識しているのか見ていこう。「命あるもの」（有情）は始まりのない昔から生まれ変わり（輪廻転生）を繰り返しており、どのような体に生まれるかは、過去の行いに応じて決まる。たとえば、過去生において善《よ》い行いをしたものは、善い境涯（天・人・阿修羅）に生をうけ、悪い行いをしたものは悪い境涯（地獄・畜生・餓鬼）に生をうける。この強制的に繰り返される生は苦しみでしかなく、この輪廻から解脱するためには輪廻の原因となっている業《ごう》（過去の行為）と煩悩（心の中の悪い性質）を滅して仏の境地を得る以外方法はない。仏教とはこの業と煩悩を断つための思想と実践の体系である。

一方、大乗仏教になると、輪廻の中で苦しむ者たちを救済するために、あえて輪廻にとどまり続ける菩薩という存在がクローズアップされてくる。最上位の菩薩（十地の菩薩）は仏になるための修行を終えているため、仏と同じく死後の意識をコントロールして救済対象にあわせた姿になって生をうけることができる。

転生相続制はこの菩薩思想に基づき、亡くなった高僧の中陰《ちゅういん》（生と死の中間状態）にある意識が、前世に縁のあった施主（僧伽の経済的・政治的後援者）や弟子たちの「戻ってきてふたたび私たちに仏法を説いてください」という祈願に応えて、死の直前に予言していた地に生まれ、それを施主や弟子が探し当てて先代の地位を相続させるシステムである。

転生者を認定するまでの流れ

先代の弟子たちが転生者を見いだす手順は、転生相続が始まった当初からシステム化していた。高僧が亡くなると、その遺言や遺書、さらには、占いやシャーマンの託宣、側近の夢などを手がかりとして大体の転生先を絞り込む。そして転生した子が片言を話すような年齢になった先代の死後四年目くらいに、先代の側近が絞り込まれた地域に派遣される。側近たちはそこにいる三歳児をしらみつぶしにあたり、可能性のありそうな候補者のリストを作る。その中からシャーマンのお告げや占いの結果を参照し、かつ、先代しか知り得ない情報を口にした、あるいは先代の遺品をそれ以外のものから選びとったなどの徴《しるし》に鑑《かんが》みて、最終的に一人を選び出す。

この絞り込みの過程は衆人環視のもとで行われるため、候補者が一人になる頃には「この子が生まれ変わりにちがいない」という共通認識が周辺に形成される（その認識が生まれない場合は何度でもやり直す）。最終的にはそれを宗派の高僧たちが受け入れて正式に生まれ変わりの認定がなされる。下々のものが口を挟めない血縁相続などとは異なり、下から上にあがっていく転生相続は、ある意味民主的なシステムである。

こうして選ばれた「生まれ変わり」の男児は先代の財産と、施主と弟子の集団という物質的な遺産を引き継ぎ、先代の弟子に傅育《ふいく》される中で先代の知的遺産も継承していく。ただし、転生者が長じてのち、その地位を受け継ぐことを拒否したり、戒律が守れず還俗《げんぞく》するような場合は、信徒も施主も離れていくため、その還俗僧の転生者探しは自然とストップする。信徒・施主があっての転生相続なのである。

転生相続のメリット・デメリット

カルマ＝カギュ派で始まった転生相続制はやがて他宗派にも広がり、チベット仏教に特徴的な制度として世界中に知られることとなった。転生相続がここまで広まった理由について、血縁相続のデメリットと転生相続のメリットを比較するとよく理解できる。

僧侶は戒律によって妻帯を禁じられているため、生前の財産や地位を子供に相続させることはできない（ただし結婚が許容されている宗派では親子相続もありうる）。そのため、サキャ派を運営するクン氏がそうであったように、同族内で権力や財産を継承しようとすると、伯父から甥、あるいは、兄から弟への血族相続を行うことになる。しかし、男子が生まれない、生まれても宗派の教えを引き継ぐ器ではない、などの問題が生じると途端に継承が不安定となる。

しかし、転生相続の場合、不特定多数の健康で優秀な子供の中から候補者を選び、幼い頃から宗派の伝統を教え込むことができる。さらに、理念的には先代と同一人物であるため、施主や弟子集団からも異論が出にくい。また、新たな転生者を認定する過程において一般人を広く巻き込むため、布教にも役立つ。このようなメリットがあるため、転生相続制はまたたくまに諸宗派に広まった。

しかしもちろんデメリットもある。最大のデメリットは先代の死後、次代が成人するまで最低二〇年間のブランクが生まれることである。また、先代の財産や地位に眼がくらんだ特定の個人が自分に都合のよい候補者を意図的に選定すると、その正統性をめぐって先代を支えたコミュニティが分裂することもある。しかし、これらのデメリットは血縁相続で複数の候補が存在する場合でも生じうる問題であろう。

転生相続の最大のデメリット、長期にわたる権力の空白は「生まれ変わってもまたあなたさまと出会い仏教を学びたい」と誓いを立てた有力な弟子たちがともに転生し、師の幼少期を弟子の転生系譜がカバーすることによって解消された。たとえば、カルマ派については、歴代のゲルワ・カルマパには、著名な弟子筋の転生系譜、シャマル（紅帽）、ゲルツァプ（摂政）、シトゥ、ジャムゴン・コントゥル、パーウォなどが存在し、ゲルワ・カルマパの死後、この弟子筋の転生僧たちは協力してその転生者を探し出し、その子が成人して即位するまでの間、集団指導体制によりカルマ派を主宰する。ゲルク派のダライ・ラマの場合も、ダライ・ラマ五世の時代に師のパンチェン・ラマの転生系譜を創始して、ダライ・ラマが幼い場合はパンチェン・ラマが師となり、パンチェン・ラマが幼い場合はダライ・ラマが師となって、互いに転生をしながら、受戒・教育を行う体制を作り上げた。

パグモドゥ派政権

モンゴル帝国が崩壊するとともにサキャ派の覇権は失われ、カギュ派系政権の時代が始まる。サキャ派の配下にあった一三人の万戸長のうち、ディグン＝カギュ派、パグモドゥ＝カギュ派とツェルパ＝カギュ派の三派がもっとも優勢であり、このうちパグモドゥ派から出たチャンチュプ・ゲルツェン（一三〇二―六四）は、二十歳で万戸長に就任し、一三五八年にサキャ派の覇権を奪い全チベットを支配した。パグモドゥ派は本山をラサの東南のテル寺（デンサ・テル）に構え、王都はツァンポ川を挟んだ対岸のヤルルン渓谷の入りロネウドンツェに据え、教皇号（コンマ）を名乗り、モンゴル色を排した復古的な政策を行った。

チャンチュプ・ゲルツェンはチベット中に仏像・仏典・仏塔を新設し、野生動物の殺生を禁じ、大河には橋を架けあるいは皮舟を新しく設置して、旅する者たちを危険から護り、農民・牧民大衆に対しては減税をし、中央チベット（ウ・ツァン）と西チベットのガリ方面の要害に一三の大要塞《ようさい》を築いた。

さらに古代チベット帝国の聖なる王たちの時代にならって一五条の規律を定め、その命令は「なめらかな一反の絹布をしきつめるがごとくに」全土に行き渡ったため、その治世は安定し「老婆が金を背負って旅しても、盗賊を怖れる必要がない」といわれるほど平和となった。

チャンチュプ・ゲルツェンは六十二歳の一三六四年にネウドンツェの宮殿で逝去した。

リンプン派の下剋上《げこくじょう》

パグモドゥ派の覇権はやがて古代チベット帝国の「三人の聖なる父祖王」の臣下の流れをくむリンプン派に取って代わられた。リンプン派の台頭は一四〇八年にパグモドゥ派の教皇ミワン＝タクパ・ゲルツェン（一三七四―一四三二）がナムカー・ゲルツェンにリンプン（地名）の将軍職（ゾンプン）とチュミクの万戸長の職を授けたことから始まった。リンプン派はネウドン教皇庁との間で婚姻を重ねるうちに政治力を増し、ナムカー・ゲルツェンの孫ノルブ・サンポの第四子ツォケ・ドルジェ（一四六二―一五一〇）はネウドン宮殿の将軍代理や印璽《いんじ》の管理も行うようになった。

ツォケ・ドルジェの死後、その甥トンユ・ドルジェ（一四六二―一五一二）は一四八〇年にパグモドゥ派の根拠地テル寺に多数の軍馬を送り、荘園《しょうえん》と要塞を奪取し、一四九八年にはラサを攻略して全チベットを支配下に入れた。リンプン派の覇権は一五六六年まで続いた。

シンシャク派のさらなる下剋上

リンプン派の家来筋にあたるシンシャク派のツェテン・ドルジェが反乱を起こすと、リンプン派の勢力は「油のつきた灯火のように次第に」弱まっていった。シンシャク派の名の由来はツェテン・ドルジェが、「生活のたつきには一つの畑（シン）、すみかには一僧坊（シャクパ）」しかもたなかったことによる。一五四八年にリンプン派はシンシャク＝ツェテン・ドルジェをツァン（中央チベット西部）の中心シガツェ（サムドゥプツェ）の将軍に任命した。

ツェテン・ドルジェの息子クンパンワ＝ラワン・ドルジェは西夏の末裔であるチャン氏のタシ・トプゲルを放逐し「力（トプ）という名をもつ力なき放浪者よ。私が餓鬼の国に追い払ってやる」とあざけったため、大密教行者であったタシ・トプゲルは激怒し、その呪詛《じゅそ》によってクンパンワは死んだ。

クンパンワが呪いによって死んだ後は、その甥プンツォク・ナムゲル（一五九七―一六三二）が一六一一年に政権の座についた。彼はガリの王、ロッパ、チャン氏などに軍隊を送って支配下に入れると、ゲルク派の大僧院タシルンポ僧院の裏山から石をとって（落石でタシルンポの僧が何人も死んだ）、タシシルノン（「タシルンポを圧倒する」という意味）というカギュ派とニンマ派双修の大僧院を新たに作り、ゲルク派を威圧した。

一六一八年にツァン軍が大挙してウ（中央チベット東部）に殺到し、ゲルク派のセラ大僧院、デプン大僧院を破壊したため、カギュ派系政権と、ゲルク派との対立は決定的となった。プンツォク・ナムゲルの死後には、その子息カルマ＝テンキョン・ワンポ（一六〇六―四二）が後を継いだ。

第二章　ダライ・ラマ政権の誕生

チベットの諸宗派の中でもっとも成立が新しいものの、成立と同時に急速に発展を遂げて最大宗派となったのがゲルク派である。ゲルク派を代表する転生僧ダライ・ラマは五世の時代の十七世紀にチベットの最高権威者となり、現ダライ・ラマ十四世は一九五九年にチベットからインドに亡命したのち、一難民となりながらも亡命社会をまとめあげ、さらに欧米人に仏教を説き広めた結果、いまや欧米における「すべての仏教的なものの顔」となっている。ゲルク派がチベット国内ばかりか国際的にも成功を収めた原因は、宗祖ツォンカパが完成させた包括的な哲学の力によるところが大きい。三大文殊の最後の一人に数えられるゲルク派の宗祖ツォンカパの生涯を以下に見ていこう。

第一節　ツォンカパの生涯と初期ゲルク派の歴史

ゲルク派の宗祖ツォンカパ・ロサンタクペーペル（一三五七―一四一九）は一三五七年に青海《せいかい》湖近くのツォンカの地に生まれた。「ツォンカの人」を意味するツォンカパはこの生地にちなんだ通称である。天才的な思想家はしばしば交通の要衝に生をうけるが、青海地方はチベット・中国・モンゴル・中央アジアの諸民族が行き交う文明の十字路であった。

ツォンカパは三歳で僧トンドゥプ・リンチェンに預けられ、七歳で出家してこの師のもとで仏教の基礎を学んだ。この幼年期をともに過ごした師については、ツォンカパは後世その名を口にするたびにその恩を偲《しの》んで涙にむせんだ。

十六歳で、仏法を求めて中央チベットに向かい、ウ（中央チベット東部）ではカギュ派のディグン寺とツェル寺（ツェル・グンタン）、また、カダム派のデワチェン寺などに学び、ツァン（中央チベット西部）ではシャル寺、サキャ派など名だたる宗派の本山を巡り、空《くう》思想について学んだ。

その後、中央チベットに戻り、ヤルルン地方のナムゲル僧院で具足戒を授かり完全な僧（比丘《びく》）となった。伝記には、この時期のツォンカパの超人的な記憶力とディベート能力、講義の才能について数多くのエピソードが記されている。

一三九〇年の春、ツォンカパは文殊菩薩の声を聞くことのできる僧、ウマパと出会い、ウマパの口をかりた文殊から中観《ちゅうがん》思想の奥義を学びはじめた。ツォンカパも文殊菩薩の意識に同軌する瞑想修行を行ううちに、五色に輝くアラパチャナ文殊のヴィジョンを目の当たりにし、その後はウマパにたよらずとも直接文殊の教えを聞くことができるようになった。このエピソードから、ツォンカパの姿は文殊菩薩のシンボルである剣と経帙《きょうちつ》をもつ形で図像化されている。

ツォンカパがその天才的な教義を確立するにあたって象徴的な出来事があった。ある夜、ツォンカパは、インドの代表的な中観思想家であるナーガールジュナ（龍樹《りゅうじゅ》）、アーリヤ・デーヴァ（聖天《しょうてん》）、チャンドラ・キールティ（月称《げっしょう》）、シャーンティ・デーヴァ（寂天《じゃくてん》）、ブッダ・パーリタ（仏護《ぶつご》）たちが議論している夢を見た。その中からブッダ・パーリタが立ち上がり、彼の記した『中論《ちゅうろん》』の註釈書《ちゅうしゃくしょ》をツォンカパの頭上に置いた。夢からさめたツォンカパがそのページを開くと、中観帰謬論証派《ちゅうがんきびゅうろんしょうは》の思想の奥義が理解された。ツォンカパはそのときの感動を『縁起賛』（テンジェル・トゥーバ）という短い著作にまとめ、会得した内容は大著『覚りに向かう道を照らす灯火』（ラムリム）によって後世に伝わることとなった。

ツォンカパの教えは、あらゆる仏教思想や実践修行を、中観帰謬論証派の空《くう》理解に基づいて体系化したものであったため、その包括性から他宗派は次々と論破されていった。

この後ツォンカパはナムツェディン僧院において戒律を厳格に護るための作法を確立した。

ツォンカパの教えに従う人々がゲルク派（徳行派）の名で呼ばれるようになったのは、この

かつての大祈願会（ムンラム・チェンモ）

かつてのガンデン大僧院

派の僧侶が戒律を護持した清廉な生活を送っていたことによるものである。

一四〇九年、ツォンカパはディグン寺やラデン寺などの他宗派の僧院にも呼びかけて資金を集め、ソンツェン・ガムポ王ゆかりの古刹の修復を行い、チベット暦正月一日から満月の十五日までの間、ラサの中心核である釈迦像の前で、すべての命あるものの幸せを祈る大祈願会を主宰した。この期間、トゥルナン寺の釈迦像と千手観音（ランチョンガデン）像には毎日溶かした金が塗り重ねられ、ナンコル（内環）とパルコル（中環）巡礼路の周囲にはバター灯がびっしりと並べられ夜間も巡拝する人々の足下を照らした。これが現在に至るまで続くチベット最大の年中行事、大祈願会（ムンラム・チェンモ）の始まりである。また、この年ツォンカパは、のちにゲルク派の本山となるガンデンを建立した。

ツォンカパの眠る銀仏塔　ガンデン大僧院（撮影・著者）

一四一九年、ツォンカパは死の瞑想に入り、最後の息が体の外に出るや、あどけない子供の顔に

かつてのデプン大僧院

なった。これを見た人々はツォンカパの意識が死後文殊菩薩（文殊は童子形をとる）と一体化した証《あかし》だと噂《うわさ》しあった。ツォンカパの遺骸《いがい》は銀の仏塔に納められてガンデン大僧院に祀られた。

ツォンカパの四五人の直弟子たちは、師が作り上げた包括的な教学と、多数の僧を擁する僧院組織を武器に積極的な布教活動を行い、東チベットや西チベットへの進出を始めた。

ツォンカパの直弟子たち

ツォンカパの死後、ガンデンの座主を継いだのは顕教を得意とする弟子ダルマ・リンチェン（一三六四―一四三二）であった。ダルマ・リンチェンは一三年間座主を務め、とくに論理学の著作を多数残した。ついで座主を継いだのはツォンカパの密教の弟子の一人ケドゥプ・ジェ（一三八五―一四三八）であった。ゲルク派の祖師像はツォンカパの下にこの二代目・三代目座主を描くことをならいとする。ダルマ・リンチェンに始まる初期の七人のガンデン座主はいずれもめざましい働きをしたため、「聖なる七人の文殊たち」と尊称されている。

ゲルク派のラサ三大僧院の一つに数えられるデプンはガンデンが建立された七年後の一四一六年に、ツォンカパの直弟子文殊法王タシ・ペルテンによって建立された。

同じく三大僧院の一つセラ大僧院は、ガンデンが建立されて一〇年目の一四一九年に直弟子シャーキャ・イェーシェーによって建立された。シャーキャ・イェーシェーは一四〇八年にツォンカパの代理として明《みん》廷に参朝し、永楽帝《えいらくてい》から大慈法王号を授かった。明朝がチベットの高僧に発した最高位の法王号は、参朝したカギュ派、サキャ派、ゲルク派の三人の高僧に授けられたことから、当時この三宗派がチベットにおいて勢力を有していたことがわかる。

「セル・デ・ゲ」と総称される三大僧院、セラ、デプン、ガンデンはラサかその近郊に位置しているが、タシルンポ大僧院のみツォンカパの直弟子ゲンドゥン・ドゥプ（一三九一―一四七四）によって一四四七年にツァン（中央チベット西部）に建立された。十七世紀にこの僧院から出たロサン・チューキ・ゲルツェン（一五七〇―一六六二）がダライ・ラマ五世の師となり、死後パンチェン・ラマの名のもとに転生を繰り返したため、この僧院は歴代パンチェン・ラマの本拠地として知られるようになった。

ガリ地方（西チベット）の布教はツォンカパの直弟子シェーラプ・サンポやグゲ＝ガワ

ン・タクパによって着手され、後者はリンチェン・サンポの建立したトディン寺などの古刹をゲルク派に改宗させた。一方、カム地方（東チベット）への布教は、セラ大僧院出身の同名の僧シェーラプ・サンポが行ったため、ゲルク派では西チベットの布教を行ったシェーラプ・サンポを「高地のシェルサン」、東チベットの布教を行ったシェーラプ・サンポを「低地のシェルサン」と呼びわけ、二人の功績を称える。

初期ゲルク派の転生相続の例としては、カムにおいてシェーラプ・サンポの建てたチャムド（昌都）の大僧院チャンバリンは、パクパ・ラとその弟子集団の転生者によって運営されていた。パクパ・ラ一世デチェン・ドルジェ（一四三九—八七）はツォンカパの直弟子クチョル＝トクデンの子息であり、パクパ・ラの弟子筋の転生系譜チャクラ＝トゥルク、ギャラ＝トゥルク、バソ＝トゥルク、タツァクジェドゥン＝トゥルク、タクプ＝トゥルクなども東チベットの歴史ある転生系譜として知られている。

ゲルク派の布教力の秘密

ゲルク派の布教力の強さは、仏教哲学の習熟度で決まるピラミッド型のヒエラルキーと、中央チベットの本山と地方の僧院をつなぐネットワークから生まれている。大僧院（ゴンパ）は複数の学堂（ダツァン）から構成されており、その学堂の下には地域名や集団名を冠した地域寮（カンツェン）が属している。新しく僧院に入門する僧侶は、出身地に縁のある地域寮に入り、同郷の師僧について学ぶ。その後、修行のために別の僧院に長期滞在しても、最初に入門した僧院が基本的にその僧侶の帰属先となり、同名の多いチベットでは人名の前に地域寮を冠することによって個人の特定を行う。広大なチベットでは地域ごとに方言が異なるため、地方出身者がラサで学ぶ場合、コミュニケーションという点からも、地元の支援を受けやすいという点でも、同郷の人々が固まって生活することにはメリットがあった。

新しく僧院に入門した僧は、まずドゥタというディベートの仕方を学び、そののち般若《はんにゃ》・中観などの哲学の勉強に進む。ドゥタは能力別に細かいクラスに分かれており、試験を通過すると上級のクラスにあがることができる。僧侶は毎日午後になると問答広場（チュラ）と呼ばれる僧院の中庭に集まりディベートを行いつつ仏教哲学への理解を深める。基礎的な勉強を一通り終えると、般若思想や中観思想といった哲学の研究に進み、最後まで学習課程を終えた者には試験の後に仏教博士（ゲシェ）の学位が授けられる。ゲシェの最高学位であるラランパ号の試験は、チベット暦正月の満月の日にラサの釈迦堂の南舞台で、ダライ・ラマなどの高僧臨席のもとで行われる。

ゲシェの学位を取得した後の進路はいくつかに分かれ、所属の僧院で後進の指導にあたる、隠遁《いんとん》修行に入る、より高い位階にあがるために密教の修行に進むなどの選択肢がある。最後の道を選んだゲシェは、ゲルク派の二大密教学堂ギュメ（下密教学堂）・ギュト（上密教学堂）のいずれかに籍を置き、最低一年間は密教の修行を行う。密教学堂にははじめから密教に専従している僧がおり、これら密教僧の最高学位は密教博士（ガクラムパ）である。このガクラムパの学位では出世コースの最上位まで上り詰めることはできないので、顕教を学んでから密教を修行する伝統が、この人事規定にも現れている。

ギュメ、ギュトの密教学堂の僧たちは、入門してからの年月が長い順に二人ずつ三ヵ月の任期のゲコ（規律僧）職につく。ゲコ枠は二名であり、一人は密教専従僧から、一人は前述した顕教の学堂で博士（ゲシェ）号をとった者たちから選ばれる。そしてゲコ経験者のゲシェの中からギュメの副管長（ラマ・ウムゼ）が選ばれ、管長の退任とともにギュメ管長の座につく。

ガンデン大僧院の座主は、ツォンカパの死後この座を継いだダルマ・リンチェンがゲルツァプ（仏の代理人）と呼称されたように、宗祖ツォンカパの代理とされる学僧の最高位である。これはカトリック教会のトップに君臨するローマ教皇が「神の代理人」といわれていることに相似していよう。

ガンデン座主の座は、ガンデンを構成する二つの学堂チャンツェ（北頂）とシャルツェ（東頂）の名を冠したチャンツェ法王・シャルツェ法王が交代で務める。この二人の法王によるガンデン座主のローテーションは、ツォンカパの死後、二大弟子のダルマ・リンチェンとケドゥプ・ジェがガンデン座主を継承した故事にちなんだものである。このうち、チャンツェ法王はギュメの管長を務めた者が、シャルツェ法王はギュトの管長を務めた者が候補者となる。チャンツェ法王とシャルツェ法王、ガンデン座主は一種の名誉的な地位であり、僧院内で発生する世俗の雑務に携わらなくてよいため、これらの地位を得た後も所属の僧院に住み続けることができる。

このような実力本位の位階が、ゲルク派の学僧たちが生涯にわたり勉学を続けるインセンティブとなっている。僧院内にはこのほかにも僧侶の規律の乱れを糾《ただ》すゲコ（規律僧）、衆僧の読誦《どくじゅ》を先導するウムゼ（経頭）、僧院の経済をやりくりするチャンズー（経理）、高僧の家政を司るドニェル（執事）などさまざまな役職があり、炊事・洗濯といった日常的な業務もあるため、勉強が苦手な僧はその方面で活躍することになる。

第二節　転生僧「ダライ・ラマ」の登場

チベット仏教の中でもっとも歴史的な影響力をもった転生僧は誰かといえば、いうまでもなくダライ・ラマであろう。現代のダライ・ラマは十四世であるため、前世者は一三人であるかに見える。しかし、これはツォンカパの直弟子の時代から数えた代数であり、ダライ・ラマ一世の前世者の一人であるドムトンの転生譜をそのまま組み込んだ転生譜では、釈迦の時代のインドからネパールに至るまでの三十六代の前世者を数えるため、これに則ればダライ・ラマ十四世は七十五世となる。また、先代の死後、即座に次代の組織的な探索を行いはじめたのは二世の死後からであり、「ダライ・ラマ」の名称に至っては三世から出現したものである。以下に、転生を重ねるごとに活動範囲を拡大していった歴代ダライ・ラマのプロフィールについて見ていく。

ダライ・ラマ一世ゲンドゥン・ドゥプ（一三九一—一四七四）

ツォンカパの晩年の弟子ゲンドゥン・ドゥプはサキャ派が隆盛を極めていたツァン（中央チベット西部）においてゲルク派の教えを布教し、一四四七年にツァンの主要都市シガツェにタシルンポ大僧院を創建した。第四代タシルンポ座主のパンチェン＝イェーシェー・ツェモが記したゲンドゥン・ドゥプの伝記には、すでに彼を観音の化身と称え、その前世として開国の王ソンツェン・ガムポ王やドムトンの名をあげている。チベットの開国神話と強い関係性をもつ観音とソンツェン・ガムポが前世と記された時点で、ゲンドゥン・ドゥプの転生者たちがチベット全土を掌握する未来は準備されていたといえる。ゲンドゥン・ドゥプ伝の冒頭にはダライ・ラマと観音の関係を表すさいによく用いられる「月影の譬《たと》え」が引用されている。

観音菩薩は教えを伝える相手の心の状態に合わせて、転輪聖王《てんりんじょうおう》、国王、帝釈天《たいしゃくてん》、梵《ぼん》天《てん》などの神々の姿、あるいは僧の姿、あるいは俗人の姿などと、計り知れない数の姿の化身を示す。それは、あたかも一つの月輪《がちりん》が地上の水面に同時に多数の影像を示すように、観音菩薩は労せずして無数の化身を示すことができるのである。

この月影の譬えから、ダライ・ラマは観音の発する無数の化身の中の、チベット人を救済するための姿として理解すべきことがわかる。一九九七年にハリウッドで公開されたダライ・ラマ十四世の自伝映画『クンドゥン』のインドへの入境シーンで、ダライ・ラマはインドの国境官吏に「あなたは仏様ですか」と問われたさい、「私は覚りに向けて修行する一僧侶、月影のようなものである」と答えたあの台詞《せりふ》の典拠が、この伝記の冒頭の一文である。

ダライ・ラマ二世ゲンドゥン・ギャンツォ（一四七五―一五四二）

のちにダライ・ラマ二世と呼ばれるゲンドゥン・ギャンツォは、一四七五年、中央チベットの西部のタナクに住む行者の家庭に生まれた。自伝によると、誕生後まもなくしてゲンドゥン・ドゥプが建立したタシルンポ大僧院の方角に向かって合掌しマントラを唱《とな》えたという。三歳になったとき、母親が「あなたはどこからやってきたの?」と聞くと、「ぼくは死んで、ウムゼ゠サンツルワがぼくの死体を紐《ひも》で縛った。それから、覚りの意識を守護する六臂《ろっぴ》マハーカーラ尊が鉄の靴を履いて現れた。ぼくはこのマハーカーラとともに黒い精霊の舟に乗ってここに来た」と、死んでから転生するまでの体験を語った。

十歳になったとき、タシルンポ僧院の代表が迎えに現れて、翌一四八六年、剃髪《ていはつ》し僧衣をはおり、名前をゲンドゥン・ギャンツォと改めた。この得度式が、おそらくはゲンドゥン・ドゥプの転生者としての認定の場であったと思われる。

当時セラとデプン大僧院の僧侶たちはカルマ゠カギュ派との対立によって一四九八年から二〇年にわたり、国家規模のイベントである大祈願会から閉め出されていた。一五一七年にデプン僧院の座主に就任したゲンドゥン・ギャンツォは政治的な手腕をふるい、一五一八年には大祈願会の導師を務め、以後ゲルク派の僧侶が大祈願会にふたたび参加できるようになった。

ゲンドゥン・ギャンツォの主要な功績は、一五〇九年にラサの南東に名刹チューコルゲル゠メトータン僧院の基礎を築き、近郊にあるラモイ・ラツォ（ラモ尊の湖）の聖地を開いたことである。ゲンドゥン・ギャンツォは瞑想中に得たヴィジョンにより、チューコルゲルの近郊にペルテン・ラモ女尊のパワーが宿る湖を見いだした。この聖地はチューコルゲルを建設するさいに地中から出土した聖剣によって活性化しており、ゲンドゥン・ギャンツォがこの湖のほとりで「聖地を開く」儀式を行うと、湖は以下のような様相を呈した。

湖の岸に着いたとき、湖面は白く輝いていた。そこでペルテン・ラモ女尊のお姿を瞑想の力で作り上げ、そこに仏の力を入れようとしたとき、東方から吹雪が近づいてきた。その雪が湖に達するやいなや、湖の色が変わり、ある者は五色の虹が湖から放射するのを見たといい、またある者は五つの宮殿が連なっているのを見たという。さらに、空色をした湖が二つに割れると、そこから四角形と楕円形《だえんけい》の二つの形に水がわきあがった。それは恐ろしいほど威圧的であった。この二つの形はペルテン・ラモ女尊の二面性を示すものであった。

それ以来今に至るまで五百回以上も湖を拝観してきたが、あるときは、女尊の宮殿や女尊のシンボルや女尊の乗り物であるロバが見えたり、またあるときには女尊の光臨を示す激しい黒い風が吹いたりなど、さまざまな徴《しるし》があった。

ペルテン・ラモ女尊はこれ以後ダライ・ラマの守護尊となり、歴代のダライ・ラマは幼少期にこの湖に参詣《さんけい》し加護を求める習わしが生まれた。また、歴代ダライ・ラマはチベット暦正月に、二世の時代から伝わるペルテン・ラモ女尊の仏画、通称「お告げの女尊」(ラモ・スンチョンマ)の前で一年の息災を祈念するならいがある。

一五四二年、ゲンドゥン・ギャンツォはデプン大僧院内にあるガンデン宮(ガンデンポタン)と通称される居殿において逝去した。ダライ・ラマ二世の個人財産を管理していたガンデン宮は、ダライ・ラマが転生を繰り返すごとに強大となり、ダライ・ラマ五世がチベットで政権を樹立するに至り、そのままチベット政府の名称になった。

ダライ・ラマ三世ソナム・ギャンツォ(一五四三―八八)

ダライ・ラマ三世ソナム・ギャンツォは先代の死後、組織的な探索活動が行われて認定された最初のダライ・ラマである。また「ダライ・ラマ」号はモンゴルのアルタン=ハーン(一五〇七―八一)からソナム・ギャンツォに献じられた称号の一部がこの転生系譜の通称となったものである。

元朝が崩壊するとチンギス=ハンの子孫たちはふたたび草原の遊牧生活に戻り、仏教は衰えていった。そのモンゴル仏教を復興させたのがチンギス=ハンの末裔の一人であるアルタン＝ハーンである。

一五〇七年、南モンゴル（内蒙古《ないもうこ》）のトゥメト部の王家に男女一対の双子が生まれた。男の子はアルタン（金）、女の子はモングン（銀）と名付けられ、兄のアルタンは長じて南モンゴル東部の統一に成功し、遊牧民の王を意味するハーン号を名乗った。アルタンはチンギス＝ハンの直系ではなかったため、ハーン号にふさわしくあろうと戦に明け暮れ、晩年、フビライ＝ハーンがパクパをチベットから招きモンゴルに仏教を興した故事にならい、チベットからソナム・ギャンツォを招いた。二人はモンゴルとチベットの境界地

ダライ・ラマ３世とアルタン＝ハーン（右下角）
（王家鵬主編（2006）『蔵伝仏教唐卡』上海科学技術出版社）

域である青海において、一五七八年の旧暦五月十五日に会見した。その様子は十七世紀のモンゴル史書『エルデニ・イン・トプチ』(宝の要綱)に以下のように記されている。

聖なる一切智者(ソナム・ギャンツォ)は微笑《ほほえ》まれて「私たちはただ今生に出会ったのが最初ではない。昔から何度も何度も出会っていたのである。アルタン＝ハーンよ。汝がかつてチンギス＝ハンの一族に連なるフビライ＝セチェン＝ハーンとして生まれたとき、私はサキャ・パンディタ＝クンガー・ゲルツェンの甥パクパ＝ロドゥー・ゲルツェンとして生まれた」と言った。するとアルタンの腹心のフトクタイ＝セチェンはソナム・ギャンツォの言葉を受けてこう言った。

「前世に良い祈願を立てたことにより、今、ソナム・ギャンツォとアルタン＝ハーンはふたたび出会って応供僧《おうぐそう》と施主となった。それはあたかも虚空に太陽と月が一度に出現したかのようである」

つまり、アルタンとソナム・ギャンツォはかつてフビライとパクパとして生をうけたとき、未来においてもモンゴルの地に仏教を広めよう、という祈願を立て、三〇〇年の時をへて、供養される僧と供養する施主としてふたたび出会ったというのである。

この後、ソナム・ギャンツォはアルタンに対して「梵天にして大いなる力の輪を転ずる法王」という称号とそれを刻んだ銀印を授けた。この称号の「法王」の「王」はモンゴル語でハーンとなるため、アルタンはソナム・ギャンツォから「ハーン」として祝福されたことになる。

アルタンにとってこのハーン号のもつ意味は大きかった。当時チンギス＝ハンの血を引く王公の数は多く、アルタンはそのうちの一人にすぎなかった。しかし、アルタンがフビライの生まれ変わりであるとすれば、ハーンそのものとして、他の末裔たちよりも大きな権威を得ることができる。こののち、モンゴルにおいてチベット仏教は急速に復活を遂げたため、アルタンとソナム・ギャンツォの会見はモンゴルにおけるチベット仏教復興の象徴的な事件とみなされるようになった。のちのモンゴル史書は、アルタン＝ハーンのこの仏教復興の功績を称え、結果、同時代のチンギス＝ハン直系の子孫の存在感は相対的に低下することとなった。仏教が優勢となるにつれ、モンゴルの社会の価値観は血縁重視から前世の縁を重視する風潮にシフトしていったのである。

有名な「ダライ・ラマ」号が誕生したのもこの二人の会見の場であった。アルタン＝ハーンはソナム・ギャンツォに対し「ヴァジラダラ仏、善にして輝く、海（ダライ）のごとき徳のある方」という称号と金印を奉《たてまつ》った。ヴァジラダラ仏とは密教の最高尊、持金剛仏《じこんごうぶつ》のサンスクリット語表記、ダライはソナム・ギャンツォ（海）の部分のモンゴル語訳であり、ラマはチベット語で「高僧」を意味する。三ヵ国語で表記されたダライ・ラマ号は、その始まりからチベット一国にとどまらない国際的な性格を有していたといえる。

ダライ・ラマ三世の布教の旅

ソナム・ギャンツォはアルタンとの会見ののち、東北チベット（アムド）、東チベット（カム）、雲南（ジャン）にも布教を行い、それらの地域にゲルク派の学堂を設立していった。青海湖に近いツォンカパの生地には、僧と俗人が混じって暮らす小さな寺があったが、ソナム・ギャンツォはそこに律僧《りっそう》を派遣して学堂を建設し、戒律を守った僧が教学を研鑽《けんさん》する場へと転換させた。これがのちに青海きっての大僧院、クンブムへと発展する。さらにソナム・ギャンツォはアルタンの死後二年目に、その菩提を弔うためにふたたびモンゴルを訪れ、フフホトにラサの釈迦堂を模した寺を建立した。この釈迦堂の門前町から発展したのが内蒙古自治区の区都呼和浩特《フフホト》である。ソナム・ギャンツォは、一五八八年、チベットに戻ることのないまま、南モンゴルのハラチンにおいて病死した。

ダライ・ラマ四世、ユンテン・ギャンツォ（一五八九―一六一六）はソナム・ギャンツォの死の翌年にアルタン＝ハーンの孫スムブル＝タイジの子として生まれた。つまり、ダライ・ラマ四世は民族的にはモンゴル人である。一六〇三年に中央チベットに迎え入れられ、トゥルナン寺の釈迦像の前で得度した。彼の人生はちょうどカルマ＝カギュ派とゲルク派の対立がモンゴルの諸集団を巻き込んで激化する最中にあり、一六一六年に四世はその短い生涯を閉じた。

第三節　ダライ・ラマ政権の樹立

ダライ・ラマ五世ガワン・ロサン・ギャンツォ（一六一七―八二）は古代チベット帝国揺《よう》籃《らん》の地、ヤルルン渓谷に生をうけた。「偉大なる」という形容詞を冠して呼ばれる三人のダライ・ラマのうちの最初の一人（残りは十三世と十四世である）、ダライ・ラマ五世の誕生である。

十七世紀に入ると、中央チベット東部ラサを根拠地とするゲルク派と西部シガツェを根拠地とするカルマ＝カギュ派の関係は悪化し、それぞれの施主であるモンゴル人王公やツァン王の武力を背景に大規模な軍事衝突を繰り返していた。カルマ派の施主であるシンシャク派はハルハ（東モンゴル）のチョクト＝ホンタイジの軍を友軍として呼び込み、ゲルク派はそれに対抗してハルハと対立するオイラト（西モンゴル）に支援を求めた。それに応えて青海

ダライ・ラマ５世とグシ＝ハーン（右下角）（『蔵伝仏教唐卡』）

を経由してラサ入りしたのが、オイラト四部の一つホシュート部出身のトロバイフであった。

トロバイフは、一六三七年ダライ・ラマ五世から「護教（テンジン）法王」号を授かり（通称グシ＝ハーン）、一六四二年にツァン（中央チベット西部）に侵攻してツァン軍を圧倒し、中央チベットの地をダライ・ラマ五世に布施した。この後、グシ＝ハーンの直系の子孫はゲルク派政権成立の功臣として、代々ダライ・ラマからハーン号を授かりラサの北にあるダム平原に駐留し、傍系はアムド（東北チベット）に駐牧しながら中国やモンゴルからやってくるであろう潜在的な政敵からゲルク派を守護した。

ホシュート部はチンギス＝ハンの末裔ではないため、グシ＝ハーンもその直系の子孫も伝統的にはハーン号を名乗れない家系であった。しかし、ダライ・ラマ五世が彼らに授けたハーン号は清《しん》朝に即座に追認されたため、チンギスの血統に連ならないオイラトの王公（ホシュート部、ジュンガル部、トルグート部）はダライ・ラマから称号を授かるために、競ってダライ・ラマ政権のために働くようになった。これとは対照的に、元来ハーン号を名乗る資格を有していたチンギスの末裔（ハルハの王公たち）は、ダライ・ラマに敬意を払いつつもダライ・ラマ政権とは距離を置くようになった。

五世の古代帝国復興事業

グシ＝ハーンが中央チベットをダライ・ラマ五世に布施した一六四二年段階では、五世はいまだ若く、軍事力はグシ＝ハーンの手中にあり、行政権は摂政にあった。つまり、この時点ではゲルク派内にはダライ・ラマ、摂政、グシ＝ハーンという三つの権威が存在していた。しかし、時を追うにつれこの三者の中でダライ・ラマの権威のみが成長を続け、他二者はダライ・ラマからの任命を待つ存在へと転落していった。ダライ・ラマの権威のみが伸長した理由の一つに、彼のみに観音菩薩やソンツェン・ガムポ王といった開国の聖者たちの物語が備わっていたことがあげられよう。古代チベット帝国発祥の地に生をうけたダライ・ラマ五

ポタラ宮全景（撮影・渡部秀樹）

世は、古代帝国期の神話を意識的に体現して自らの権威を高めていった。

　中央チベットがゲルク派の支配下に入った翌年の一六四三年、ダライ・ラマ五世は太古の昔に観音菩薩がチベットを見下ろした赤い丘（マルポリ）の上に宮殿を建設した。この宮殿は観音の聖地を意味するポタラ（補陀落《ふだらく》）宮と呼ばれたため、この宮殿を見あげる人々がダライ・ラマを観音菩薩やソンツェン・ガムポ王と同一視する効果を生んだ。また、五世はソンツェン・ガムポ王がチベットの国土を鎮めるために羅刹女の手足の上に建てた「十二の寺」と二人の妃が建てたラサのトゥルナン寺とラモチェ寺を復興し、ソンツェン・ガムポ王の再来としての存在感を示した。

　さらに、自らの前世者であるダライ・ラマ三世、四世の伝記、ならびに、自伝を相次いで上梓《じょうし》し、それらの冒頭に、観音菩薩がチベット人を救うために王や高僧などさまざまな姿で地上に現れたことなどを記し、その前世としてソンツェン・ガムポ王、ドムトン、サキャ派の祖クンガー・ニンポなどチベット史上著名な高僧を列記した。これらの作業を通じて、チベットは古代から現代に至るまで観音菩薩の導きのもとにあったという歴史観が強化・拡散され、観音菩薩の化身たるダライ・ラマの権威は盤石となっていった。

ダライ・ラマ五世はチベット仏教徒であるモンゴル人・満洲人《まんしゅうじん》王公に対して、仏教に基づいた政治を意味する「政教一致」（チュースィー）を実現するように勧奨した。当時、この政教一致体制はソンツェン・ガムポ王やフビライの治世に実現していたと信じられていたことから、この体制を勧奨する五世をソンツェン・ガムポ王と同一視させる効果はさらに高まった。

「政教一致」は、チベット語で「仏教」を意味するchos（チュー）と「政治」を意味するsrid（シー）の複合語であり、これを直訳したモンゴル語のtörü shasin（トルシャシン）、満洲語のdoro shajin（ドルシャジン）は、十七世紀のチベット、モンゴル、満洲の王公の間で理想の政治体制とされ、外交の共通プラットフォームとなっていた。具体的には、モンゴル人、満洲人の間で紛争が起きると、それぞれが自らをこの理念の実現者であり、敵はその破壊者であると非難しあうようになったのである。

ちなみにこのチュースィーという言葉は漢語にそれを表現する概念がなく、場当たり的に漢語訳がつけられたため、漢文史料ではこの時代を動かしていた原理を知ることは叶《かな》わない。チベット語・満洲語・モンゴル語の史料を用いることが当代の研究には必須《ひっす》である。

拡大するゲルク派の教圏

ダライ・ラマ五世の時代、ラサの古刹には各地から巡礼者が集まり、ゲルク派の三大僧院には東西モンゴルの王公の子弟が競って留学した。彼らは留学を終えて故郷に戻ると、チベット政府の支援のもと、ゲルク派の僧院を建立した。

モンゴルでもっとも著名な転生僧であるジェブツンダンパも、初代はこのような留学生の一人であった。ジェブツンダンパ一世はチンギス＝ハンの血を引くハルハのトシェート＝ハーンの子息として生まれ、幼名はジニャーナ・ヴァジラ（モンゴル訛音《かおん》でザナバザル）といい、一六五一年に中央チベットに留学し、ダライ・ラマ五世の師であるパンチェン・ラマ一世に師事し、留学中にジョナン派（ゲルク派の思想と対立する他空説を唱えたためゲルク派政権下で弱体化した宗派）の高僧ターラ・ナータの転生者に認定された。ジェブツンダンパ一世はモンゴルに帰国したのち、チベット政府の手配した事務僧や仏師の支援を受けてトゥーラ川のほとりにガンデン大僧院を建立した。この寺はその数十年後、オイラト（西モンゴル）のジュンガル部のガルダンの襲来によって焼失するが、再建後はハルハ随一の大僧院に発展した。

その門前町が現在のモンゴル国の首都ウランバートルの前身である。

ジェブツンダンパ一世の死後、ふたたびトシェート＝ハーンの身内からジェブツンダンパ二世が認定されたが、モンゴル人のナショナリズムがチベット仏教の権威と結びつき清朝に反旗を翻すことを懸念した乾隆帝《けんりゅうてい》により、三世以後の転生者はチベットから迎えられるようになった。ハルハにはジェブツンダンパのほかにも、ザヤ・パンディタ、ラミン・ゲゲンという王公並みの権威を有する三大転生系譜があるが、いずれも一世はチベット留学歴がある。

チベット仏教圏を結ぶ「ガンデン」ネットワーク

ジェブツンダンパ一世がモンゴルに建立した僧院が「ガンデン」を称していたように、チベット政府の支援を受けて設立された各地の僧院にはゲルク派の大本山「ガンデン」の名称が冠された。新設された僧院は中央チベットにある親僧院の伝統に則って教育システム、教科書、寺規などが制定され、地方から中央チベットに留学する僧は地域の僧院の親僧院に留学した。親僧院での留学が終わった僧は故郷に戻って後進の指導にあたるため、中央と地方の人的交流はつねに更新・強化された。

ゲルク派の勢力がモンゴル人、満洲人にまで及ぶようになると、モンゴル・清朝と接するアムド地域の寺は規模が拡大し、十八世紀にはアムド地域の寺は中央チベットの大僧院に匹敵する規模になった。これらの大僧院はラサのデプン大僧院のゴマン学堂を親僧院としたため、ゴマン学堂はチベット人・モンゴル人・満洲人のネットワークのハブとなり政治力を増していった。清朝の宮廷で活躍したトゥカン（土観）、チャンキャ（章嘉）、ジャムヤン・シェーパ（扎木揚）、チュサンなどの名転生僧はみなこれらアムドの大僧院の出身であり、ゴマン学堂を親僧院と仰いでいる。

多民族に及んだダライ・ラマの権威

ダライ・ラマの権威が伸長するにつれ、ラサには各地からもたらされる布施が集積したため、イスラーム商人、山西《さんせい》商人、アルメニア商人などが往来し活発な経済活動が繰り広げられた。十八世紀の初頭にチベットに布教に訪れたカプチン派の修道士デジデリは、当時のダライ・ラマの圧倒的な勢威について以下のように記録している。

チベットの大ラマ（ダライ・ラマ）はチベット人ばかりではなく、ネパール人、モンゴル人、中国人によっても認められ、崇められている。ダライ・ラマは彼らにとって首長、主、守護者、大司教とみなされている。彼は崇められ常人としてではなく、彼らを守護するために転生してきた観音菩薩として供養されている。

ダライ・ラマは宗教的な事柄のみならず世俗的な事柄についても支配を行っている。なぜならば全チベットの絶対的な君主であるからである。国事、軍事、法律の問題を彼の名のもとに司る者として、彼が一人の王を立てているというのは真実である。したがって、この王は普通の意味での王ではなく単なる行政官であるといえる。その行政官は大ラマによって命令されたことに対しては、決して逆らうことはできない。

ここでいう「一人の王」とはグシ＝ハーンの直系のひ孫、ラサン＝ハーンである。デジデリがこの記録を書いた一七〇九年はラサン＝ハーンがダライ・ラマ六世を廃して別のダライ・ラマ六世を擁立するという、ダライ・ラマ位が形骸化していた時代であったが、そのような時代に、仏教を敵とみなすキリスト教の宣教師がダライ・ラマの勢威について感嘆していたことは、当時いかに「ダライ・ラマ体制」が強大であったかを示している。

実勝寺碑文の拓本　仏に関する文字が擡頭されている

第四節　文殊菩薩となった清朝皇帝

満洲人のチベット仏教受容

満洲人はモンゴル人を介してチベット仏教に接触し、初代ヌルハチはチベット仏教の寺院や僧侶を保護するなど当初よりチベット仏教には敬意を払っていた。二代目皇帝ホンタイジは一六三五年、チンギス＝ハンの直系に率いられたチャハル部を降《くだ》し、

彼らの手のうちにあった元朝の国璽とパクパ御製のマハーカーラ尊を入手した。これを誇ったホンタイジは翌一六三六年に盛京《せいけい》（現瀋陽《しんよう》）に天壇を築いて、国号を大清《だいしん》に変えて改めて即位式を行うと、パクパのマハーカーラ尊を祀る実勝寺《じっしょうじ》の建設に着工した。このとき清朝は、ハルハ部にダライ・ラマをチベットから共同招請することを提案した。

中国を征服する前の満洲人たちがチベット仏教へ一定の敬意をもっていたことは、実勝寺の建立を記念して建てられた碑文の内容からも見て取れる。この碑文の漢文面では、仏に関

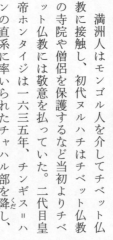

連する単語は一段高く擡頭《たいとう》され、皇帝や清朝に関連した言葉やマハーカーラ尊にかかわる言葉は一段低く刻まれている。このことは満洲皇帝は自らを護法尊マハーカーラ尊と同じ、仏教の護持者のレベルに位置づけていたことを示している。元朝の国璽は元朝の政治権力の、パクパのマハーカーラ尊は元朝のチベット仏教のシンボルであることから、ホンタイジがこの一六三六年の大清国の建国によって示そうとしたことは、フビライとパクパが実現した政教一致体制（チュースィー）の継承であった。

グシ＝ハーンがチベットをダライ・ラマ五世に布施した翌一六四三年、満洲人率いる清朝軍は山海関《さんかいかん》を抜き中国に侵攻した。清の都は盛京から北京へと遷《うつ》り、一六五一年に三代皇帝順治帝《じゅんちてい》の親政が開始すると、これを祝してゲルク派の僧侶ノムンハンの采配で北京の三ヵ所に一塔二寺（北海《ほっかい》の尊勝塔《そんしょうとう》、宮城東南隅の普勝寺《ふしょうじ》、城外北の普静禅林《ふせいぜんりん》）が建てられ、チベット僧の駐留地となった。一六三七年に建立された実勝寺と一六四三年にホンタイジの死の間際に建てられた盛京の四つの塔寺はいずれもサキャ派の僧侶ビリクト＝ナンソが采配をふるっていたが、このとき、北京に建立された一塔二寺はゲルク派の僧侶のノムンハンの采配になっていた。これはチベット本土におけるゲルク派の覇権が内廷の僧侶の勢力交代にも影響した可能性を示唆している。

ダライ・ラマ五世の北京訪問

清朝の近隣諸国への対応は、中国支配が確固としたものになるにつれ高圧的なものに変化していく。ハルハ部（現モンゴル国）に対しては「モンゴルの王座は天が私に授けたものである。大清のもとへ降れ」と尊大なスタイルで清朝への合流（帰順）を呼びかけ、また、チベットの有力三宗派（ゲルク派、カギュ派、サキャ派）の高僧たちに対しても「政教一致体制」を実現するために、首都北京へ出廷せよとの招請状を出した。ちなみに、この三宗派は明王朝が優遇した三派と重なる。

興味深いのは、この中華王朝色の濃い招請にチベットの諸宗派の長は応じず、「菩薩王は人々の幸せと仏教の繁栄を第一に考えるものであり、人々に脅威を与えるものではない」と、仏教徒の立場から一斉に清皇帝を戒めたことである。さらに、ハルハの王公たちも僧侶たちが反対することを盾に清朝への帰順を拒んだため、チベットの高僧、ましてやダライ・ラマの北京招請は実現しないまま時は過ぎていった。

一六四九年、ダライ・ラマがようやく清朝の招請に応じて辰年《たつどし》の夏（一六五二年）に北京に赴く旨を通達すると、その直後から清朝のダライ・ラマに対する態度は一変する。丁寧調であった書簡のスタイルは命令調に変わり、グシ＝ハーン一族に対しては当時清が対立していたハルハ部と敵対することを強制した。さらに、一六五二年、ダライ・ラマは南モンゴルの中心都市フフホト（現呼和浩特）に到着したが、ハルハが北京に参朝する動きはなかったため、清廷内では「ダライ・ラマ一行が内地に入ると、接待費がかかる」ことなどを理由に、ダライ・ラマをチベットに帰そうという議論まで起きていた。これを見る限りでも清廷のダライ・ラマ招請は信仰によるものではなく、仏教徒であるハルハの参朝をひきだす道具であったことが知れる。結局、ハルハの参朝を見ないまま、ダライ・ラマは単独で万里の長城を越え、順治帝と会見した。

一六五三年、チベットへの帰路につくダライ・ラマに対し、清廷は「西天大善自在仏所領天下釈教普通瓦赤喇怛喇達頼喇嘛」号を、グシ＝ハーンには「遵行文義敏慧顧実汗」号を発給した。ダライ・ラマの称号の前半部分は明の永楽帝《えいらくてい》が一四〇七年にカルマ＝カギュ派の主宰者であるカルマパ五世に授けた称号の一部であり、後半は一五七八年にアルタン＝ハーンがダライ・ラマ三世に授与した尊号である。つまり、清朝は先行する明朝とモンゴルとチベットとの関係を単純に合わせて継承したと思われる。

中国には、皇帝が地方の王公に称号と印璽を授ける（冊封）ことにより、その王公が臣下になったとみなす伝統があるが、そこに実効的な君臣関係があるか否かは個々のケースを検討しなければならない。

このケースについていえば、ダライ・ラマ五世もグシ＝ハーンも清朝皇帝に宛てた書簡で

蔵文龍蔵経（台北・故宮博物院蔵）

この称号を用いることはなく、グシ＝ハーンは一貫してダライ・ラマ五世から授かった護教法王号を使用し続けているため、チベット側には臣下に降った意識がなかったことがわかる。

ガルダンのダライ・ラマへの忠誠

清朝初期、多数の漢人を治めるため、満洲人王公はチンギス＝ハンの弟の末裔であるホルチン部から妃を迎えて、モンゴルとの同盟強化に努めていた。ホンタイジの妻であり、順治帝の母であるブンブタイ（孝荘皇太后）もホルチン出身であり、熱心なチベット仏教徒であった。一六六一年に幼い四代皇帝康熙帝《こうきてい》が即位すると、祖母であるブンブタイは、孫の治世の安寧を祈願してチベット文大蔵経《だいぞうきょう》一〇八巻（龍蔵）を書写させた。この大蔵経は現在台湾《たいわん》故宮《こきゅう》に「蔵文龍蔵経」として所蔵されており、複製品が一千万円で販売されたことで評判になった。なぜこのように高価なのかといえば、この経典は一帙《ちつ》一帙が美しい彫刻を施した厚い板で上下を挟まれ、経文は紺紙に金泥で記され、金襴緞子《きんらんどんす》のおくるみに包まれて、虹色の紐をかけた豪華なものだからである。

康熙帝の治世の後半は、モンゴル王公間、あるいはジュンガルと清朝との間で数回にわたる大規模な戦闘が相次いで起きたが、これらはすべてダライ・ラマに関連した問題を契機に始まっていた。

ドロンノールの彙宗寺（撮影・柳澤明）

一六八六年から一六九七年まで続いたジュンガルとハルハの戦いは、モンゴルで行われた会盟の席上においてジェブツンダンパ一世がダライ・ラマの代理であるガンデン座主と同じ高さの座についたことに端を発していた。ジュンガル部のガルダンはジェブツンダンパ一世の行動を不敬としてハルハを急襲し、ハルハの三ハーンとジェブツンダンパ一世は敗走して清朝へと逃れた。

一六九一年、康熙帝は元代の上都《じょうと》の跡地ドロンノール（多倫諾爾）にハルハ＝モンゴルの王公を集めて清朝への忠誠を誓わせ、彙宗寺《いそうじ》という名のチベット僧院を建てた。これは、清朝の初期、二代皇帝ホンタイジがチンギスの直系のチャハル部を降したあと、実勝寺を建立したことと相似しており、ハルハを服属させたことも、皇帝個人の征服欲からではなく、ダライ・ラマの説く政教一致を実現するためであるとアピールしようとしたものと思われる。

ガルダンとジェブツンダンパの共通点と相違点

ガルダンがハルハに侵攻した契機となった事件の背景には、ガルダンとジェブツンダンパのダライ・ラマ政権に対する温度差があった。

ジュンガルの王子であったガルダン（一六四四─九七）は、幼少期にゲルク派内にあるカギュ派の支派エンサ＝カギュ派の本山の転生僧に認定され、エンサ・トゥルク（エンサ寺の化身）と呼ばれていた。十三歳で中央チベットに留学しパンチェン・ラマ一世のもとで仏教を学んだのち、一六七〇年にジュンガルに戻り王位を継いだ。帰郷後もダライ・ラマ政権に忠実であり、中央アジアのヤルカンド等を征服し、戦利品をチベットに贈るなどしたことから一六七八年にはダライ・ラマ五世からハーン号を授かった。ガルダンはチンギス＝ハンの男系の血筋をひかないため、ダライ・ラマへの忠誠を示したことで得られたハーン号である。

一方、ジェブツンダンパ一世も前述したようにハーン家に生まれ、チベットに留学し高僧の転生者と認められたまではガルダンと共通している。しかし、大きく異なっていたことは、世俗の血筋でいえば、ガルダンの属するジュンガル部はチンギス＝ハンの男系の末裔ではない一方、ジェブツンダンパの属するハルハ部はそうであったことである。
つまり、ジェブツンダンパとしては、自分は宗教的な格ではガンデン座主より下であっても、チンギスの男系の血筋という権威があるので、モンゴル人をオーディエンスとした会盟の席上では「政教一致」の権威がある自分がダライ・ラマの代理人と同じ高さの座についても問題はないと思っていた節がある。しかし、宗教的な格がすべてであったガルダンにとっては、ジェブツンダンパ一世の行動は不敬でしかなかった。

摂政サンゲ・ギャンツォ　ポタラ宮
（撮影・著者）

ガルダンはこの後、ハルハを保護した清朝にも攻め込み、ジュンガル軍は一時は北京にまで迫ったが、康熙帝は三度にわたる親征によって応戦し、ガルダンの敗色は徐々に濃くなっていった。一六九七年、それまではガルダンを支援していたダライ・ラマ五世の摂政サンゲ・ギャンツォは、五世が戦争の始まる四年前の一六八二年にはすでに遷化していたこと、ダライ・ラマ六世ツァンヤン・ギャンツォはすでに十四歳となっていることを公表し、ガルダンの梯子《はしご》をはずした。

摂政に踊らされていたことを知った康熙帝は激怒し、その怒りは内廷のラマたちに向かった。チベットに派遣したラマたちが「ダライ・ラマ五世を目視した」と報告していたことに怒り「犬を飼ってもよそ者に吠《ほ》えて役に立つのに、お前たちラマを養ったことは何の役にも立たなかった」と罵倒《ばとう》した。

摂政が一五年間もの間ダライ・ラマの死を隠しおおせたことは一見不思議に思われるかもしれないが、一六七九年にダライ・ラマ五世はサンゲ・ギャンツォに政務をゆずって引退していたこと、摂政が「ダライ・ラマは瞑想中である」と言えば、モンゴル人であれ満洲人であれダライ・ラマの瞑想を妨げるものはいないこと、摂政は強引に会見を迫る使者に対しては影武者を立てていたことなどを考えれば、存命を信じさせることは意外とたやすいことであった。

ダライ・ラマ六世の破戒

摂政がダライ・ラマ六世に認定したツァンヤン・ギャンツォ（一六八三―一七〇六）は、ニンマ派の埋蔵教説発掘者ラトナ・リンパの故郷、タワン（現インド、アルナーチャル・プラデーシュ州）のニンマ派の家系に生まれた。六世は五世の死が公表されるまでダライ・ラマの転生者であることを知らされていなかったため、それを知ると混乱し、パンチェン・ラマに沙弥戒《しゃみかい》を返上すると、公然と女犯《にょぼん》を行う放逸な生活を送りはじめた。この六世の破戒を摂政の政敵である康熙帝やラサン＝ハーンは苦々しく思い、摂政とハーンは互いの毒殺を企てるなど険悪な状況が続いた。

一七〇五年、ラサン＝ハーンは摂政サンゲ・ギャンツォを殺害し、ツァンヤン・ギャンツォを廃位し、新たに別のダライ・ラマ六世を擁立した。この新ダライ・ラマ六世（通称ペカルジンパ）は康熙帝によってダライ・ラマに追認されたが、ラサン＝ハーンの隠し子との噂もあり、チベット人の人気はなかった。ラサの人々は六世ツァンヤン・ギャンツォの放逸な振る舞いを「密教者の行動である」として受け入れていたため、ダライ・ラマ六世が清朝へ移送される途上の青海で急死すると、その死を悼んだ。

一七〇九年、リタンにダライ・ラマ六世の生まれ変わりと噂される童子が出現すると、グシ＝ハーンの傍系の子孫である青海ホシュートは、ジュンガルと連携してこの童子をダライ・ラマ七世としてラサに迎える計画に着手した。当時青海ホシュートとジュンガルの王家は複数の婚姻関係によって強く結ばれており、宗教的にもデプン大僧院ゴマン学堂の高僧ジャムヤン・シェーパを共通の師と仰いでいたため、その関係は強固であった。

しかし、清朝としては、最大の政敵ジュンガルが青海ホシュートと連携してアジアのローマ教皇ダライ・ラマを擁立することはもっとも避けたい展開であったため、リタンの童子を監視下においた。一七一七年、ラサの市民はジュンガル軍を諸手《もろて》をあげて迎え入れ、ラサン＝ハーンは戦死し、ペカルジンパは廃位されたが、肝腎のリタンの童子が清朝の監視下に置かれていたため、青海ホシュートは動くことができず、ジュンガル軍はラサで孤立していった。

ジュンガルのラサ占領当時、ゴマン学堂の座主ロサン・プンツォクはジュンガルの王族であり、占領軍のトップであるツェリン・トンドゥプもジュンガル王族であった。両者は協力してラサの大僧院の綱紀粛正を行い、六世の破戒の原因となったニンマ派の二大僧院（ミンドゥルリンとドルジェタク）の高僧を殺害し、破戒僧を僧院から放逐した。

満洲人がダライ・ラマの施主の座につく

一七二〇年、リタンの童子を擁した清朝がチベットに進軍すると、ジュンガル軍は戦わずしてラサを離れ、リタンの童子ケルサン・ギャンツォ（一七〇八―五七）はダライ・ラマ七世として正式にポタラ宮の王座に即位した。清朝はダライ・ラマ六世を廃位した過去があるため、ダライ・ラマ七世を六世と強弁したが、七世は廃位した六世の転生者であるため、事実上ダライ・ラマ七世を承認した形になった。この時点でラサには、タクツェ・タイジを首相とするチベット政府に加え、進軍してきた清朝軍、青海ホシュートの王公、ゲリラとしてジュンガル軍と戦ったチベット西部出身のカンチュンネーとポラネーが有力者として存在していた。

清朝はラサを制圧したのち、首相のタクツェ・タイジをジュンガル軍の協力者としてみせしめに処刑し、ガポーパ、ルンパネー、ジャラネー三大臣は不問に付した。グシ＝ハーンの末裔の青海ホシュート王公たちは、ジュンガルと連携していたにもかかわらず途中で清朝に寝返ったため、ダライ・ラマの守護の座であるチベット王に就任できるかは微妙な情勢であった。

一七二二年、六一年の長い在位ののちに康熙帝が没し、四男の雍正帝《ようせいてい》（在位一七二二―三五）が第五代清朝皇帝の座についた。雍正帝は父が蕩尽《とうじん》した国家財政を立て直すため緊縮財政をとり、その一環として清朝軍はチベットから撤退した。翌一七二三年、グシ＝ハーンの孫であり青海の有力王公であったロサン・テンジンが又甥《またおい》のエルデニ・エルケ・トクトネーを襲うと、雍正帝はこの内訌《ないこう》を「反乱」と称して東北チベットに軍を送り、青海王公を制圧して直接統治下に置いた。こうしてグシ＝ハーンの末裔はダライ・ラマの守護の座を失い、チベットにおける満洲人の優位が決定したのである。

清朝をバックにしたポラネーの統治

東部チベット出身のガポーパ、ルンパネー、ジャラネーは西部チベット出身のカンチュンネーが清朝を後ろ盾に台頭したことに不満をもち、一七二七年、三者は共謀して閣議の最中にカンチュンネーを刺殺した。かろうじて刺客をふりきったポラネーは、ツァン地方の軍隊を率いて戻り、一七二八年にラサに入城し、三大臣を処刑した。

ポラネーは清朝と協力し、三大臣と関係があったことを理由に、ダライ・ラマ七世とその父親を四川省に近い東チベットのガルタル（泰寧）に移した。当時ジュンガルと清朝は係争中であったため、ダライ・ラマがジュンガルに政治利用されないよう、できるだけ中国に近い位置におくことが、この移送の真の目的であったと思われる。三大臣とダライ・ラマ父子が消えたことで、ジュンガル・青海ホシュートが連携していた時代の勢力はラサから一掃された。

十七世紀から十八世紀前半にかけて、清朝にとって最大の脅威は中央ユーラシアの遊牧民ジュンガル部であった。清朝はラサで起こる政変の多くにジュンガルの影を見ていたため、一七二七年からラサに清朝官僚を常駐させ、モンゴル王公やその使者たちとダライ・ラマとの接触をモニタリングさせた。駐蔵大臣《アンバン》と呼ばれるこのポストにはチベット側との摩擦をできるだけ少なくするために、モンゴル八旗《はっき》や満洲八旗出身のチベット仏教徒があてられた。

王となったポラネーは清朝の後ろ盾のもと、ダライ・ラマ不在のラサにおいて比較的安定した治世を実現させた。大蔵経の開版を行い、釈迦堂に弥勒像《みろくぞう》を建立し、さらに官吏や僧侶たちに正しく義務を遂行するように勧奨した。清朝のジュンガルに対する攻勢が一段落したことを受けて、一七三五年、雍正帝はダライ・ラマ七世がラサに帰還することを認め、同年雍正帝は没した。実務能力に長《た》けた雍正帝は名君として日本で人気があるが、即位直後の一七二三年に青海の大僧院を焼き払い、ダライ・ラマ政権を支えていたグシ＝ハーン王家を倒し、ダライ・ラマをガルタルに流した皇帝としてチベット人の印象は大変に悪い。

文殊菩薩となった乾隆帝

新しく第六代清朝皇帝となった乾隆帝（在位一七三五―九六）は、父帝の業を雪ぐかのようにチベット仏教世界との信頼関係の回復に努めた。一七二三年に清朝が青海に侵攻したさいに六歳で内廷に保護されたチャンキャ三世（一七一七―八六）をとりたて、チャンキャと関係の深い青海の転生僧たちを内廷の僧組織の重職に据えた。

乾隆帝は自らの即位十周年（一七四四年）を記念して、仏教を振興する三つの事業を起こした。一つ目は、父帝が皇子時代に住んでいた雍和宮《ようわきゅう》を北京初のチベット僧院へと改築し、

雍和宮万福閣（撮影・著者）

モンゴル人僧侶の教育の拠点とした。雍和宮で教鞭《きょうべん》をとる仏教博士は、デプン大僧院ゴマン学堂から招聘され、医学堂の長もラサの医学堂から招聘された。ゴマン学堂はチャンキャ三世が保護される前に根拠地としていたアムドのグンルン大僧院の親寺である。

　雍和宮のチベット名「ガンデン・チンチャクリン」の「ガンデン」はチベット政府の支援を受けて建てられた僧院に冠するならいであることが示すように、雍和宮はモンゴル僧や内廷のラマたちの教育・管理の場であると同時に、ラサの大僧院の北京キャンパスの側面ももっていた。

　即位十周年を祝う二つ目の事業は、紫禁城《しきんじょう》の西北に位置する北海の北岸に、三層の闡福寺《せんぷくじ》を建て白傘蓋仏の大仏を祀ったこと、三つ目の事業はチャンキャ三世からチャクラ・サンヴァラの灌頂を受けたことである。白傘蓋仏はパクパとフビライが大都の守りに祀った仏であり、灌頂もフビライがパクパに灌頂を授けた故事にちなんで執行されたものである。つまり、この即位十周年事業も、かつてのアルタン＝ハーンやホンタイジがそうしたように、フビライとパクパによって実現された「政教一致体制」を乾隆帝が継承した、とアピールする側面があったのである。

乾隆帝の仏教熱は、一七八〇年に自らの七十歳の万寿節を祝うべくパンチェン・ラマ三世が北京入りしたことによりピークを迎えた。ダライ・ラマ五世の北京訪問以来、一二〇年ぶりのチベットの高僧光臨ということで、乾隆帝は最大限のもてなしを行い、夏の離宮である熱河と北京の両方にタシルンポ大僧院を模した僧院を建立し、自ら叩頭《こうとう》して戒を受け、臣下が私的な場でパンチェン・ラマに叩頭することも妨げなかった。万寿節を祝いに北京に来ていた朝鮮の使節もパンチェン・ラマへの叩頭を強要され、拒否した朝鮮使節に、礼部《れいぶ》尚書《しょうしょ》が「皇帝も、皇太子もみな叩頭している」と激怒したエピソードは、当時の宮中のチベット仏教熱のすさまじさを伝えてくれる。

パンチェン・ラマは北京滞在中、乾隆帝の前世として釈迦の施主であったプラセーナジット王、フビライ＝ハーンなどの名を連ねた転生譜を帝に捧《ささ》げた。清朝初期には全体に低調であった満洲人のチベット仏教に対する信仰が、乾隆帝に至ってようやく高僧の祝福を受けるレベルに達していたことを、この転生譜の授与は示している。

乾隆帝は、チベット僧の着るサフラン色の僧衣を着用し、蓮《はす》の花の上には文殊菩薩のシンボルである剣と経帙をのせ、掌の上には転輪聖王を示す法輪をもつ姿で自らを描かせ仏殿に祀らせた。この「乾隆帝仏装像」は、乾隆帝が仏教徒に対しては、中華皇帝でもハーンでもなく、「文殊菩薩が化身した転輪聖王」として君臨していたことを示している。

乾隆帝仏装像の拡大図（北京・故宮博物院蔵）

ダライ・ラマ七世の親政

ポラネーは比較的安定した統治を二九年行ったのち、一七四七年に他界した。代わってチベットの支配者の座についた息子のギュルメ・ナムゲルは、父とは異なり清軍に撤退を求めた。駐蔵大臣は護衛の兵士の数が減ることに危機感を感じ、一七五〇年、皇帝からの贈答品の受け取りを口実にギュルメ・ナムゲルを駐蔵大臣邸に呼び出し刺殺した。ギュルメ・ナムゲルの息子と、激高した民衆は大臣邸を襲い二人の駐蔵大臣は殺害された。

この政変を受けて翌年清朝は、ダライ・ラマの親政を認め、ダライ・ラマ五世の時代に設置された内閣、閣僚などの政府組織が復活した。内閣（カシャク）はダライ・ラマの命令（カ）によって置かれたもの（シャ）、四人の閣僚シャペはダライ・ラマの蓮華座を意味し、大臣（カロン）はダライ・ラマの命令によって大臣（ロン）になったものという意味である。

親政を開始して六年たった一七五七年、ダライ・ラマ七世は五十歳で激動の生涯を閉じた。

ダライ・ラマ七世の死後、八世が成人する年齢になるまでの政務担当官としてテモ＝トゥルクが摂政（ゲルツァプ）に任命され、一七六三年には摂政のためにテンゲーリン寺がラサに建立された。やがて中央チベット西部のトプゲルに生まれた童子がダライ・ラマ八世（一七五八―一八〇四）に認定され、一七六二年にラサに迎えられジャムペー・ギャンツォと名付けられた。

摂政テモ＝トゥルクが二一年間の統治ののち一七七七年に没すると、チベット人はダライ・ラマ八世に親政を請うたが辞退されたため、雍和宮の元僧院長ガワン・ツルティムが二代目摂政に就任した。一七八一年にダライ・ラマ八世は親政を開始し、一七八三年に、ポタラ宮の西側の政府主催の園遊会を開く緑地に、夏の離宮ノルブリンカ（宝石の庭）を建設した。

信仰の曲がり角

一七八〇年、北京に滞在していたパンチェン・ラマ三世が天然痘にかかって急死したため、その死を悼んだ乾隆帝は、大量の布施とともに遺体をチベットに送りかえした。すると、パンチェン・ラマの兄弟で、カルマ゠カギュ派の高僧であったシャマルパ九世がパンチェン・ラマの座であるタシルンポ大僧院に遺産の配分を要求した。タシルンポが拒むとシャマルパはネパールに行きグルカ人を教唆してチベットに侵入させた。

一七八八年、グルカ兵がネパールからチベットのゾンカとシェカルへと越境し（第一次グルカ戦争）、一報を聞いた乾隆帝はバチュン（巴忠）率いる清朝軍をチベット防衛に送った。バチュンはネパールへの進軍をしぶり、大軍の駐留にチベットの脆弱《ぜいじゃく》な経済は悲鳴をあげた。

翌一七八九年春、シャマルパを介してチベットとグルカは停戦交渉を再開し、グルカ軍が占領した地域を返還することと引き換えに、チベット政府が賠償金を支払うことになった。一七九一年、賠償金の減額交渉のためにニャナンにいたチベット使節は、グルカ側の捕虜となりネパールに護送された。グルカ兵はふたたびチベットを侵略し、タシルンポ大僧院を略奪し、パンチェン・ラマ四世はラサに逃れた（第二次グルカ戦争）。

駐蔵大臣はダライ・ラマとパンチェン・ラマに東チベットに退避するように勧め、高官たちは避難のため荷造りを始めた。しかし三大僧院の座主たちは「ポタラ宮や釈迦堂の膨大な財宝を置いたまま、雀《すずめ》の涙ほどの自分の財産をもって逃げることに何の意味があるか。ダライ・ラマとラサを守り抜こう」と気勢をあげ、ダライ・ラマの疎開は取りやめとなった。

一七九二年にフカンガ（福康安）率いる清軍が到着し、チベット側はグルカ軍をネパール領内まで追撃、同年九月にグルカは投降した。追い詰められたシャマルパは自殺し、その後シャマルパの転生者の探索は厳に禁じられた。清朝は、グルカ戦争を乾隆帝の十全武功（十回の戦勝）に数え、ポタラ宮のふもとには戦勝記念碑が建てられた。

金瓶掣籤（西蔵博物館蔵。撮影・著者）

しかし、さしもの乾隆帝もグルカ戦争で費やされた多大な戦費について説明せねばならなかったとみえ、一七九三年に雍和宮の中庭に、乾隆帝が自らのチベット仏教に対するスタンスを示した「喇嘛《ラマ》説《せつ》」と呼ばれる巨大な碑文が建てられた。その中で乾隆帝は「自分のチベット仏教に対する信仰は元朝の皇帝たちに比べれば節度があること」、「自分がゲルク派を信仰することにより、仏教徒であるモンゴルの大衆は安心し、平和を保つことに役立っていること」とそのメリットを述べた。さらに、「グルカ戦争は転生僧が特定の家系に集中した結果起きたため、転生者の認定に際して特定の人物の意志が働かないように、複数の候補者の中から籤《くじ》をひいて選ぶこと」などを提唱した。俗にいう「金瓶掣籤《きんぺいせいせん》」である。

乾隆帝のチベット仏教に対する信仰は、この「喇嘛説」が語るようにプラグマティックなものなのか、それとも心底からのものであったのかという議論は以前より行われてきた。「喇嘛説」は多大な戦費を費やしたグルカ戦の直後にチベット仏教界の綱紀粛正を目的として書かれたものであり、これのみで乾隆帝の生涯の信仰を論じることは危険である。たとえば、同年に乾隆帝の宮廷を訪問したイギリス使節のジョージ・マカートニーは日記に、乾隆帝が午前三時に起床して仏殿に向かうことを日課としていたこと、さらに「確かな筋の情報によれば、皇帝は（中略）自分の治世の未曽有《みぞう》の長さと繁栄を思うにつけ、最近では、仏の魂が実際に自分の体の中に転生しているのだという思いを強くしている」と記しており、これは乾隆帝が日常的に仏教の修行を行い、かつ、治世の成功を文殊菩薩としての力に帰していたことを示している。

ちなみに、名跡の転生僧が名家や有力な施主に集中して現れる現象を、チベット人は必ずしも否定的にとらえていない。菩薩は仏教を広めるために適した生を選ぶので、もっとも効率良く人を救い仏教を広めるために、王家や貴族の家に転生僧が集中することは理にかなったことだと考えるからである。

数多くの僧院を建て、外国軍の侵入からチベットを守った乾隆帝は、十九世紀を目前とした一七九九年に最長の在位記録を残してこの世を去った。

十八世紀後半に、西洋列強の進出を受けてインド、清朝、モンゴルが弱体化していくにつれ、チベット周辺も俄《にわか》に騒がしくなっていく。インド・ネパールからの侵略はその後も続き、一八四一年から四二年にかけてシーク教徒でドグラ人のグーラブ・シンがラダックに侵入し、その後もドグラ・ラダック連合軍がチベットに侵入した（ドグラ戦争）。また、一八五六年から一八五七年にふたたびグルカ人がチベットに侵入した。しかし、このとき清朝にはチベットに援軍を送る余力はなく、チベット人は自力で外国勢力を撃退した。当然、ラサに駐在する清朝官僚の影響力は低下の一途をたどった。

夭折するダライ・ラマ

十九世紀に入ると、ダライ・ラマの夭折《ようせつ》が目立ちはじめる。ダライ・ラマ九世（一八〇五―一五）は十歳、十世（一八一六―三七）は二十一歳、十一世（一八三八―五六）は十八歳、十二世（一八五六—七五）は十九歳という、成年に達する前か、達してすぐ後に亡くなっているのである。現代人はこの現象を「摂政や高官たちが、成年に達したダライ・ラマに俗権を奉還することを潔しとせず、暗殺した」ととらえたくなるが、チベット人の考え方は違う。彼らは「ダライ・ラマは一切を見通しているため、暗殺を見抜けないはずがない。世俗の権力争いに辟易《へきえき》して、チベット人を改心させるためにあえて早くこの世を去ったのだ」と言う。そのダライ・ラマを辟易させた権力闘争の一例は、たとえば以下のようなものであった。

一八四五年に摂政に就任し、ダライ・ラマ十一世と十二世の摂政を務めたラデン＝フトクトは、印璽を濫用し称号を乱発した。このため、閣僚のシェーダはラデンを追い落とす計画を立てたが事前に発覚し、地位を剥奪《はくだつ》され故郷に逼塞《ひっそく》した。一八六二年、シェーダはガンデンとデプン二大僧院の支持をとりつけてラサに戻り、ポタラ宮と釈迦堂を掌握し、摂政ラデンの不正を数え上げて地位を剥奪し、自ら摂政（デスィー）を名乗った。ゲルツァプもデスィーも日本語に訳すとともに摂政であるが、前者がダライ・ラマが成年すると権力を奉還することが前提の「代理人」である一方、後者はそのニュアンスがない点が異なる。

一八六八年、シェーダはガンデン・デプン代表者会議（ガンデードゥンチ）を通じてペンデン・トンドゥプを宮内庁長官に任命し、幼いダライ・ラマ十二世を傀儡化《かいらいか》しようとした。これを嫌ったダライ・ラマの補佐役ケンラプ＝ワンチュクは、代表者会議から排除されていたセラ大僧院の僧侶たちを味方に付け、シェーダとペンデン・トンドゥプ一党を排除した。その後、シェーダがよりどころとしていたガンデン・デプン代表者会議は解体され、三大僧院と政府の各部局の長から構成される国民議会(ツォンドゥー)が新たに創設された。

一八七五年、ダライ・ラマ十二世の死とともに、クンデリン僧院の座主が摂政に就任し、一八七六年にタクポ・ランドゥンに生まれたダライ・ラマ十三世を探し当てた。このダライ・ラマこそ低下し続けたダライ・ラマの存在感をふたたび中央ユーラシアに轟かせた「偉大なる十三世」である。

東チベット、ブータン、シッキム、ラダック

以上がチベット、モンゴル、満洲といったマクロな集団の交流から見たチベット仏教世界の政治史であるが、近年、中国、モンゴル、チベットの境界に位置する東チベット(カム)、東北チベット(アムド)の独自性に着目した研究が盛んになっている。境界地域の有力者は、中国から見ると中国の官僚機構の末端である土司《どし》や軍事施設である一方、チベット仏教世界から見ると宗派の施主であり、地域の首領であった。たとえば、十四世紀から十七世紀までカムの麗江《れいこう》を治めていたム氏はカルマ=カギュ派の施主となり、周辺のチベット系の諸集団を併合していたが、中国側からは土司とみなされていた。また、アムド(河州)の弘化寺は

ゲルク派の僧院であると同時に、明朝からは対モンゴル防衛のための軍事施設ととらえられていた。また、十八世紀においてカムのニャロン政権は、チベット・中国両勢力の間で均衡をとりつつ、独自の地域支配を行っていた。

第三章　ダライ・ラマ十三世による仏教界の再興

十七世紀に入り、ロシア帝国が東方に向けて領土を拡大し清朝域内の人々と問題を起こすようになったため、一七二七年、清とロシアの間で国境画定を行うキャフタ条約が締結された。これにより、モンゴル人の居住域は国境によって南北に分断され、ロシア領内に入ったブリヤート人やカルムイク人は自由にチベットへ留学や巡礼をすることができなくなった。清朝の影響下にあったモンゴル王公も、旗界を越えての移動を制限されたため、遊牧民のもつダイナミズムを徐々に失っていった。やがて旗内の主要僧院のまわりに定住集落が形成され、現在モンゴルにある定住都市の前身となった。

各地域間の移動・接触が制限されたことにより、チベット仏教界の地域化も進んだ。十九世紀後半になると、モンゴルの転生僧たちの多くは飲酒・妻帯を行うようになり、清朝に仕える僧侶も官僚化が進み、教学の研鑽や修行によって尊敬を集める僧侶は相対的に減少していった。

第一節　世界の探検家の垂涎の的ラサ

汽船や鉄道などの近代的な交通手段が発達し人の移動が広範囲に及ぶようになると、未知の領域に踏み込んで地図を作製し、その地の文化・産物の情報をもたらす探検家は花形の職業となった。彼らは人間の「知る」欲求に応えるとともに、祖国に未来の植民地の情報をもたらしたからである。十九世紀後半、これら探検家たちの目線はチベットの都ラサに集約していった。なぜラサが探検家の垂涎《すいぜん》の的となったのかといえば、地政学的な理由と宗教的な理由が主にあげられる。

チベットは世界の屋根という南極・北極につぐ第三極の地理上の空白であり、当時中央ユーラシアにおいて勢力を競いあっていたイギリスとロシアという二大帝国のはざまに位置していた。十九世紀後半のマスメディアには、チベットは北から熊（ロシア）、南から獅子《しし》（イギリス）に狙《ねら》われる非力なリャマの姿に戯画化された。リャマ（llama）はアンデス原産のラクダ科の哺乳類《ほにゅうるい》であるが、チベット語で高僧を意味するラマ（lama）と綴《つづ》りが似ているため、宗教国家チベットの譬えに使われたのである。

一方チベット政府は十九世紀後半、ラダック、シッキム、ブータンなど周辺諸国の王室が次々とイギリスに外交権を奪われていくことを目の当たりにして欧米人を警戒し、その入国を堅く禁じていた。皮肉なことにその到達困難さがかえって探検家の競争心を煽《あお》り、ラサへのアタックはさらに苛烈《かれつ》になった。

ラサが人々の関心を集めたもう一つの理由は、欧米が主に想像によって作り上げた「神王ダライ・ラマが君臨する仏教の聖地」という神秘のイメージであった。植民地経営などにより世界のさまざまな地域との関係が緊密になっていくにつれ、欧米諸国には民族を超えて通用する普遍的な言語や宗教を創設しようという動きが始まった。言語学の世界では人類共通語であるエスペラント語の創設・普及が提唱され、宗教においては、キリスト教にかわる普遍宗教として仏教が人々の関心を集めていた。一八七九年、イギリス人の詩人エドウィン・アーノルドが釈迦の伝記を韻文で記した『アジアの光』はベストセラーとなり、欧米の諸語に翻訳された。原典の『方広大荘厳経《ほうこうだいしょうごんきょう》』も欧米各国語に翻訳され、欧米の小説やオペラの表現に影響を与えた。

ブラヴァツキー夫人とオルコット大佐

この流れの中で一八七五年十一月十七日、ロシア女性ブラヴァツキー夫人とアメリカ人のオルコット大佐によってニューヨークに神智学《しんちがく》協会が設立された。協会設立目的の一つには「人類に普遍的な宗教の創出」が掲げられており、協会の支部（ロッジ）では仏伝や仏典、『バガヴァッド・ギーター』などのインドやペルシアの古典が講読されていた。協会の「巫女《みこ》」であったブラヴァツキー夫人はチベット仏教徒の住むカルムキアで少女時代を過ごしており、神智学徒の信じるところによれば十九世紀の中頃にチベットのタシルンポ大僧院近郊で七年間修行し、その結果イギリスにいながらにしてチベットの大行者マハトマ（大師）の教えを受けることができるようになったという。

現在から見るとカルトともいえる神智学協会も、当時は絶大な影響力を誇っており、多数の著名人が各地の支部に所属していた。当時、イギリス紳士になるためにロンドンに留学して法律を学んでいたガンディー（一八六九―一九四八）は神智学の支部を通じて自国の古典に開眼し、インド独立の父となった。また、仏教をナショナリズムの核としてスリランカの独立運動を牽引《けんいん》したダルマパーラ（一八六四―一九三三）も、オルコット大佐とブラヴァツキー夫人を介して仏教の価値に目覚めたのである。

ブラヴァツキー夫人がチベットのマハトマから受け取ったという教えはチベット仏教の思想とはかけ離れており、チベットでの修行歴も今日では否定されているが、神智学協会が一世を風靡《ふうび》していた時代、ブラヴァツキー夫人の口を通じて語られたチベット・イメージに欧米人は心酔していた。

一八八一年、オルコット大佐とブラヴァツキー夫人はインドにわたり仏教徒となり、神智学協会は「仏教神智学協会」と名前を変えた。彼らがまだ見ぬダライ・ラマ十三世に憧れ、連絡をとろうとしたため、ラサに対する人々の関心はいっそう高まり、探検家や異教徒の調伏に忙しいキリスト教の宣教師をラサに向かわせた。

イギリスのスパイ「パンディット」たち

インドを支配するイギリスはつねにロシアの南下を警戒していたため、インドとロシアの間に横たわるチベット国内の情報を必要としていた。インド測量局のトーマス・ジョージ・モントゴメリー大尉（一八三〇―七八）は一計を案じ、容貌《ようぼう》がチベット人と似たヒマラヤの山岳民に測量技術を教え込み、巡礼に偽装してチベットに潜入させ、地図を作製した。彼ら山岳民はどのような地形でも一定の歩幅で歩く訓練を受けており、手にした数珠で歩数を数え、その記録をマニ車の中にしのばせた。このような山岳民たちはパンディット探検家と呼ばれ、個人名ではなくコードネームで記録され、一八六五年から九三年の間に頻繁にチベットに潜入した。パンディットの旅は所持金をだまし取られたり奴隷に売られるなど決して楽なものではなかったし、成功しても白人の探検家ほど報われることはなかったが、彼らは献身的にイギリス人に託されたミッションに没入した。

有名なパンディットとしてはクマオン（現インドのウッタラーカンド州）に住むチベット系住民ナイン・シン（一八三〇—八二）、その従兄弟《いとこ》マニ・シン、同じく従兄弟のカリアン・シン、キシェン・シン（一八五〇—一九二一）、シッキム人のネム・シンとキントゥップ、ベンガル人で人類学者のサラット・チャンドラ・ダス（一八四九？—一九一七）などがいる。このうち、ナイン・シンはラサの経緯度を確定した功績により、一八七七年に探検家にとって最大の栄誉である王立地理学協会のパトロンズ・メダルを授与された。

チャンドラ・ダスはチベット文字の読み書きができたため、タシルンポ大僧院に滞在しチベットの社会について豊富な情報をインドにもたらした。しかし、チャンドラ・ダスがインドに帰国後、ダスの身分が露見し、ダスと交際のあったチベット人官吏は鞭打《むちう》ちの刑を受けたあとにツァンポ川に投げ込まれた。それほどチベットの鎖国政策は厳格だったのである。のちにダージリンに居を構えたダスはチベットをめざす人々の指南役となり、一九〇一年に日本人としてははじめてラサに到達した河口慧海《かわぐちえかい》は、ダスからチベット語を指南されている。

モントゴメリー大尉とパンディットたちの活動は、一九〇一年に発表されたラドヤード・キプリングの名作『キム』によって文学に昇華し、広く知られるようになった。キムはインドで生まれたアイルランド人の孤児であり、ラホール（現パキスタン）の町でストリートチルドレンとして生きていた。ある日、キムは仏跡巡礼にきたチベットの老僧と出会い、この老人に強く惹《ひ》かれ、二人で旅をするうちに老僧とキムの間には親子のような情愛が生まれる。やがてキムの父親が属していた連隊がみつかり、キムはイギリス人として教育を受けることになった。数年後、キムはパンディットを養成しているクライトン大佐に諜報戦《ちょうほうせん》への適性を見いだされ、スパイとしての教育を受け、現場でのミッションを拝命する。キムはミッションについては伏せて老僧とともにヒマラヤにふたたび旅に出る……。本作の主人公のキムはキプリング自身がモデルであり、キムをスパイに育てあげるクライトン大佐はモントゴメリー大尉を、パンディットのハリー・チャンドラ・ムーケルジェーはサラット・チャンドラ・ダスをモデルとしている。

映画版『キム』（1950年）

『キム』はインドのストリートで生きていた浮浪児が、インドの友人たちやクライトン大佐の指導、チベットの老僧の情愛を受けて「インドのイギリス人」へと成長していく物語である。植民地のインド人やパシュトゥーン人、ベンガル人が嬉々《きき》としてイギリス人のクライトン大佐のために奉仕していることは、イギリスにとって都合良く書かれすぎているという批判も現在はあるが、当時は好意的に受け入れられ、キプリングは一九〇七年に史上最年少でノーベル文学賞を受賞した。

パドマエフ計画

大英帝国がヒマラヤに住むアジア系住民によってチベットの情報を収集したように、ロシア帝国もアジア系のブリヤート人、カルムイク人をラサに送ってチベットの情報を得ていた。そもそも十九世紀後半には、ブリヤート人やカルムイク人は密《ひそ》かに国境を越えて、イフ・フレー（現ウランバートル）やラサに巡礼・留学したり、さらには、ハルハ人に偽装して東北チベットの僧院に長期間滞在して研究・修行することを自然に行っていた。

ブリヤート人の人類学者であるバラディン（一八七八—一九三七）によると、東北チベット（アムド）の大僧院ラブラン（現甘粛省夏河《シアハ》県）では、一八九八年頃、すでにブリヤートの地域寮が結成されており、一九〇八年には全僧三千人のうち、ブリヤート人僧は百人にのぼっていたことを報告している。チベットにブリヤート人が存在することはチベット仏教界では周知の事実だったと思われる。

このような伝統的なブリヤート人学僧や巡礼者のもつ情報をロシア帝国の中枢に結びつけたのが、同じくブリヤート人のパドマエフ（一八五一—一九二〇）であった。パドマエフ、本名ジャムスランは一八五一年にザバイカル（バイカル湖東部地域）に生まれ、十二歳で草原を出てイルクーツクのギムナジウムに入学した。一八七一年、ペテルスブルク大学の東洋言語学部に入り、ロシア正教へと改宗した。このとき彼の名付け親となったのがのちのアレクサンドル三世（在位一八八一—九四）であり、パドマエフはロシア宮廷へのアクセスを得ることとなった。一八七五年、パドマエフは大学を卒業するとチベット医学を学びはじめた。

シベリア鉄道の建設が始まると、一八九三年二月、パドマエフはブリヤート人を主役とした壮大な計画をアレクサンドル三世へと上申した。それは、「ブリヤート人商人を使ってチベット・モンゴルで反清・親露宣伝を行い、シベリア鉄道をチベット仏教徒の交通の要衝である蘭州につなぎ（蘭州はラブランの近郊都市である）、中国、チベット、モンゴルの上層人士をロシアの都ペテルスブルクに招き、『白い皇帝』（当時モンゴル・チベットではロシア皇帝はこう呼称されていた）に自らの国を併合するように申し出させる」というものであった。

この計画は大蔵大臣セルゲイ・ウィッテ（一八四九—一九一五）の承認を得て、ロシアの国庫から供出された二〇〇万ルーブリをもってパドマエフはザバイカルの要衝チタに貿易商会を作った。そして、一八九五年にブリヤート人の小集団をラサに送り込み、彼らはそこで

ドルジエフ

伝統的な留学・巡礼のスタイルでラサに入り込んでいた多数のブリヤート人を発見した。その中にいたのがダライ・ラマ十三世のもとでツェンシャプ（ディベートのさいにダライ・ラマ十三世の相手を務める役）にまで出世していたドルジエフ（一八五三―一九三八）であった。ドルジエフは一九〇四年にイギリス軍がチベットに侵攻したさい、ダライ・ラマ十三世にロシアに支援を求めることを勧めたため、イギリスや日本からロシアのスパイと中傷された人物である。

第二節　ダライ・ラマの大移動の始まり

ブリヤーチャに生まれたドルジエフは十九歳で故郷を出て仏法を求めて南下し、五台山《ごだいさん》（現山西省）、イフ・フレー（現ウランバートル）などにおいて修学した後、二十六歳でラサのデプン大僧院ゴマン学堂へと入門した。そこで頭角を現しダライ・ラマのディベートの相手役のツェンシャプにまで上り詰め、一〇年の間側仕《そばづか》えをした。ここまでのドルジエフの人生は伝統的なチベット僧のそれであったが、四十五歳の頃（一八九八年）、彼は故郷に向けて北上せず南下しインドへ仏跡巡礼に向かった。これは伝統的なチベット仏教徒には見られない行動である。なぜなら仏教発祥の地インドでは、仏教はとうの昔に滅びていたからである。

ダライ・ラマ13世

　インドの仏教はヒンドゥー教の台頭やイスラーム教の侵入によって十三世紀には衰微し、十九世紀には仏跡は土に埋もれているか、ヒンドゥー寺院に改変されていた。しかし、欧米において仏教が見直され、「人間釈迦」の生涯が近代人の人格向上のロールモデルとして評判になると、歴史上の釈迦の聖跡がイギリス人考古学者の手によって探索・発掘されるようになった。とくに一八九一年に、前述したダルマパーラが、釈迦が覚りを開いた地ブッダガヤを仏教徒の手に取り戻す運動（ブッダガヤ復興運動）を開始すると、民族を超えて仏教徒の連帯が生まれ、セイロン（現スリランカ）、ビルマ（現ミャンマー）、シャム（現タイ）などの伝統的な仏教徒による仏跡巡礼が復活していた。キプリングの『キム』において、キムの庇護者《ひごしゃ》となるチベット人老僧が仏跡巡礼のために東チベットからインド平原に下りてきたという設定も、当時そのようなチベット僧が実際に存在していたことが背景にある。

自伝からはドルジエフが仏跡巡礼を行ってどのような感想を抱いたのかは窺《うかが》えないが、ブッダガヤにおいて、各国の仏教徒と出会い、欧米における仏教ブームについての知見も得たであろう。

ドルジエフは仏跡巡礼を終えた後、汽船で天津《てんしん》にわたり、そこでブリヤート人商人アレクセイ・スタルツェフ（一八三八―一九〇〇）を介してオリエンタリストとして名高いロシア皇族エスペル・ウフトンスキー公（一八六一―一九二一）に引き合わされた。ウフトンスキーはニコライ二世が皇太子時代に、ロシアの軍艦に乗って東洋を旅したさいに同行し、その旅行記『ロシア皇帝ニコライ二世の皇太子時代の東洋への旅』（一八九〇―九一）を執筆した人物である。この旅行記によると、ニコライとウフトンスキーは一八九〇年十二月二十三日にインドに上陸し、翌年一月二十六日マドラス（現チェンナイ）においてブッダガヤ復興運動が始まる直前の神智学協会の本部を訪れていた。ドルジエフとウフトンスキーが出会う八年前のことである。ウフトンスキーの仲介により、一八九八年二月二十七日、ドルジエフはディリコフらブリヤート人有力者らとともにニコライ二世と最初の謁見を果たした。

チベット仏教は大乗仏教であるため、薬師《やくし》如来や阿弥陀如来、大日如来といった大乗の仏たちに対する信仰が盛んであり、歴史上の釈迦に対する信仰は相対的にあまり盛んではない。にもかかわらず、伝統的なブリヤート僧であったドルジエフが、インドにおいて歴史上の釈迦の聖跡をたどり、汽船という近代的な交通手段を用いて移動し、ペテルスブルクでロシア皇帝と謁見するというドラスティックな行動変容を起こした背景には、ロシア宮廷に食い込んでいたパドマエフの直接・間接の働きかけぬきには考えにくい。

ドルジエフはニコライとの謁見ののち、ロシア宮廷のチベットに対する友好的な姿勢をダライ・ラマに伝えるために、カルムイク人のノルズノフをダライ・ラマ十三世のもとに派遣した。ノルズノフは、一八九九年三月、ラサに到着してドルジエフの親書をダライ・ラマに奉呈し、同年九月にペテルスブルクに帰還した。一九〇〇年九月三十日、ドルジエフはウフトンスキーの仲介でクリミア半島のリヴァディィヤ宮でニコライ二世と二度目の謁見を行い、この会見は世界中に報道された。一九〇一年二月、ノルズノフは写真機を携帯して再度ラサを訪れ、ラサをおさめた最古の写真群をロシアに持ち帰った。

大英帝国治下のパンディットもロシア帝国のブリヤート人やカルムイク人も、宗主国の命を受けてラサに潜入したアジア系住民という共通点はあるものの、ラサに向かう動機は大きく異なっていた。パンディットは主人であるイギリス人に対する忠誠心や職人意識から行動しているが、ドルジエフやノルズノフはダライ・ラマ十三世の宮廷と深い関わりをもちながら、チベット仏教徒のアイデンティティをもってロシア宮廷に接していた。この差は、大英帝国の中枢にチベット仏教徒は存在していないが、ロシア帝国においてはパドマエフ等のアジア系の有力者が宮廷の奥深くまで入り込んでいるところから生まれたのであろう。大英帝国に先駆けてニコライ二世がダライ・ラマ宮廷との関係構築に成功したのは、ロシア宮廷の方がチベット仏教徒のリアリティに通じていたからにほかならない。

ラサをめざす探検家の国際レース

十九世紀の後半、アジア系のパンディットやブリヤート人がラサ入りに成功し続けていた傍ら、欧米人探検家は相変わらずラサ一番乗りの座をめざして競いあっていた。スラヴ系のロシア人探検家としてはプルジェワルスキー（一八三九―八八）がコサック軍をひきつれて一八七〇―七三年と一八七九―八〇年にアタックするも、チベット軍に追い払われて失敗していた。このプルジェワルスキーを引き継いだペフツォフ（一八四三―一九〇二）は一八八八ロフ（一八六三—一九三五）は一八九五年にラサに迫った。ロボロフスキー（一八五六—一九一〇）とピョートル・コズロフ（一八六三—一九三五）は一八九五年にラサに迫った。

ロシア以外の欧米人探検家としてはイギリス・ベンガル政府のマコーレイ（一八四九—一九〇〇）が一八八六年に、チベット研究者でありアメリカ公使であったロックヒル（一八五四—一九一四）は一八八八年から八九年、九一—九二年の二度にわたり、イギリスのランズデル（一八四一—一九一九）は一八八八年に、フランスのボンヴァロー（一八五三—一九三三）は一八八九—九〇年に、イギリスのリットデール（一八五一—一九三一）は一八九五年に、カナダのリンハルト（一八六八—一九〇八）夫妻は一八九五—九九年に、スウェーデンのヘディン（一八六五—一九五二）は一八九九—一九〇二年に、それぞれ清朝政府の発給したチベットへの入境許可証などを携帯してラサをめざしたが、いずれもチベット人に追い返されラサに到達することはできなかった。

しかし、これら失敗に終わった探検についても、プルジェワルスキー、ロックヒル、リットデール、ヘディンへは王立地理学協会のメダルが授与されていることから、当時いかにラサ攻略が国際的な注目を集めていたかが知れる。

ヤングハズバンド大佐のラサ侵攻

ヒマラヤの南面にあるシッキムは、チベット語で「米の国」を意味するチベット仏教国である。シッキム王はイギリスからの圧力を受けるたびにチベット領内に避難していたが、一八八八年、ついにシッキムはイギリスの保護領とされ、一八九〇年にチベットとシッキムの間の国境線を画定するシッキム条約が清とイギリスの間で結ばれた。三年後に追加で締結された通商条約では、国境からチベット側に一〇キロメートル入ったトモ（亜東）に交易場を開設することも決められた。

チベット政府は自らの頭ごしに結ばれたシッキム条約を無視し、国境のシッキム側に検問所を作り、イギリス人の侵入を拒んだ。一八九九年にインド総督に就任したジョージ・カーゾン（一八五九—一九二五）は、シッキム条約の不履行を問いただす書簡をダライ・ラマに送ったが、その書簡は未開封のまま返送された。このような状況下で、一九〇〇年にはダライ・ラマの使者ドルジエフとニコライ二世がリヴァディヤ宮で会見したことが大々的に報道されたのである。さらに、ロシアと中国の間でチベットに関する秘密条約が結ばれた、という出所不明の報告がなされると、ついにカーゾンの堪忍袋の緒は切れた。カーゾンは「ロシアの勢力はすでにラサに及んでいる」、「中国のチベットに対する宗主権なるものは制度的なフィクションである。すなわち、両者にとって便利であるという理由だけで維持されてきた政治的なみせかけである」との認識のもと、ダライ・ラマと直接交渉すべくチベット領内にイギリス軍を侵攻させた。

一九〇三年七月、フランシス・ヤングハズバンド（一八六三―一九四二）大佐率いるイギリス軍は国境を越えてチベットのカムパゾンに侵入した。現地に駆けつけたチベット政府代表は、交渉の場はチベット領外でなければならないと主張し、両者一歩も譲らないまま冬を迎えた。明けて一九〇四年三月、ヤングハズバンド隊はふたたび軍をチベット領内に侵攻させ、グル平原でチベット軍を破り、八月三日ついにラサに入城した。しかし、交渉相手であるはずのダライ・ラマ十三世はすでにラサを脱出した後でポタラ宮はもぬけの殻であった。

ちなみに、このチベットの国難において清朝からラサに派遣されていた駐蔵大臣オタイ（有泰）はまったく無力であった。清朝はイギリス軍の威力を熟知していたため、ダライ・ラマ十三世に一貫して非戦を勧めていたが、ダライ・ラマ十三世は主戦の立場を崩さなかった。オタイは両軍が対峙《たいじ》する前線に仲介のために移動しようとしたが、チベット政府が移動手段を与えなかったため、状況を座視するほかはなかった。イギリス軍がラサに近づいてはじめて、チベット政府は駐蔵大臣を英軍の陣営に送り込んだが、オタイはイギリス軍を歓迎したため、チベット政府は彼を呼び戻した。これらのことから、チベット政府にとって駐蔵大臣は判断を仰ぐ相手ではなく、状況改善を図るための一手段にすぎなかったことがわかる。

オタイはダライ・ラマ十三世のラサ脱出のさいにも蚊帳の外であったため、激怒してダライ・ラマ十三世を廃位することを皇帝に進言した。その申し出は裁可されたが、チベットにはダライ・ラマ十三世に代わる権威は存在しないため、この嫌がらせも無意味に終わった。

一九〇四年九月、ヤングハズバンドはダライ・ラマ十三世から公印を預かっていたガンデン座主と三大僧院の代表者との間で、チベットの利権をイギリス以外の外国に与えないこと、などを定めた通称ラサ条約を締結した。

イギリス軍がラサに滞在している期間、イギリスの主要新聞『タイムズ』紙、『デイリーメール』紙、ロイター通信の記者等がラサに呼ばれ、彼らは競ってラサの状況を発信した。また、この遠征軍に参加していた旅行作家、将校たちも帰国後こぞってラサ遠征録を出版したため、以後、ラサは空想・妄想を通じてではなく、実際ラサを体験したイギリス人の具体的な情報に基づいて語られるようになった（それでもチベットの神秘は語られ続けた！）。

ダライ・ラマの「大移動」のもつ意味

イギリス軍の侵攻を受けてラサを脱出したダライ・ラマ十三世には波瀾《はらん》に満ちた運命が待ち受けていた。ドルジエフのエスコートを受けながらロシアの支援を求めて北上し、ロシア国境に近いハルハ（外モンゴル）で二冬を過ごした。ロシアの支援が期待できなくなった一九〇六年にアムド（青海）に南下し、一九〇八年には五台山から北京に移動、東チベットを占領する四川軍の排除要請を目的に光緒帝《こうしょてい》・西太后《せいたいこう》と会見したが、両宮が相次いで死去したため、清朝との断交を決意し一九〇九年末にラサに帰還した。その直後、四川軍がラサに侵攻してきたため、英領インドへの亡命を余儀なくされダージリンに滞在した。一九一一年に辛亥《しんがい》革命が勃発するとチベット人はラサを占領する清朝軍の排除を始め、それが完了した一九一三年の正月、ようやくダライ・ラマ十三世は恒久的にラサに帰還した。

この八年間に及ぶダライ・ラマの大移動は、イギリス、ロシア、清朝などの大国中心の国際政治に視点を置けば、「逃亡」「亡命」というネガティブな表現で語られがちであるが、チベット仏教界に視点を置けば、多分にポジティブな側面もある旅であった。ダライ・ラマを眼にした仏教徒たちは熱狂して信仰を新たにし、ともにダライ・ラマの旅をサポートする中で地域や民族を超えた連帯感が醸成され、とくにダライ・ラマ十三世の旅に随行した王公たちは辛亥革命やロシア革命後に、それぞれの地域のナショナリズムを牽引するリーダーとなった。

また、ダライ・ラマ十三世にとってもこの移動は彼の知見を広げる契機となった。さまざまな地域の仏教徒たちが民族を超えて自分に向ける信仰心を通じて「ダライ・ラマ」の名のもつ力を知り、外国人との交流からは近代国際社会のあり方を学ぶこともできた。「事実上

「独立」時代のチベット政府の方針は、ダライ・ラマがこの大移動を通じて得た自信と知識に基づいて形成されたものである。以下、チベット近代化の始まりともいえるダライ・ラマの大移動について詳しく見ていこう。

「大移動」の始まり

イギリス軍がラサに迫る一九〇四年六月三十日、ダライ・ラマ十三世は少人数の側近とともにラサを脱出した。一行のラサ脱出は極秘であったが、東北チベットの要衝ナクチュ（那曲）にさしかかる頃には、ダライ・ラマの蒙塵《もうじん》（天子が変事に際し難を避けて逃れること）は広く知られるようになり、地域の王公がダライ・ラマの行く先々に衣食住を手配し、リレー方式でサポートするようになった。当時、東本願寺《ひがしほんがんじ》の僧寺本婉雅《てらもとえんが》（一八七二―一九四〇）は、黒竜江《こくりゅうこう》からラサに赴くラマのキャラバンに潜入してラサに向かっていたが、偶然にも一九〇四年九月四日、北上するダライ・ラマ十三世一行と遭遇した。黒竜江のラマ

寺本婉雅

はダライ・ラマについていってしまったため、寺本はラサ攻略を諦《あきら》め、青海のクンブム大僧院に引き返し、北京の日本公使館にダライ・ラマ十三世一行の動静を報告した。当時はイギリスも清朝もラサから消えたダライ・ラマの行方を把握していなかったため、チベット仏教徒以外でもっとも早くダライ・ラマ十三世の所在を探知したのは寺本であった可能性が高い。

日露戦争最中の日本にとって、ダライ・ラマの親ロシア的な行動は、日露の間に居住するモンゴル人がロシアに傾斜する可能性をもたらすため、懸念すべきことであった。寺本婉雅はクンブムの僧を煽ってダライ・ラマ十三世をクンブムに招かせて足止めしようとしたが、その提案に乗る者は現れなかった。

クンブム大僧院（撮影・池尻陽子）

ダライ・ラマ十三世はツァイダム盆地を北上し安西を経由してゴビ沙漠を越え、ハルハのジャサクト＝ハーン部に入った。このルートはドルジエフがラサに潜入したルートを逆にたどったもので、チベットの都ラサとモンゴル

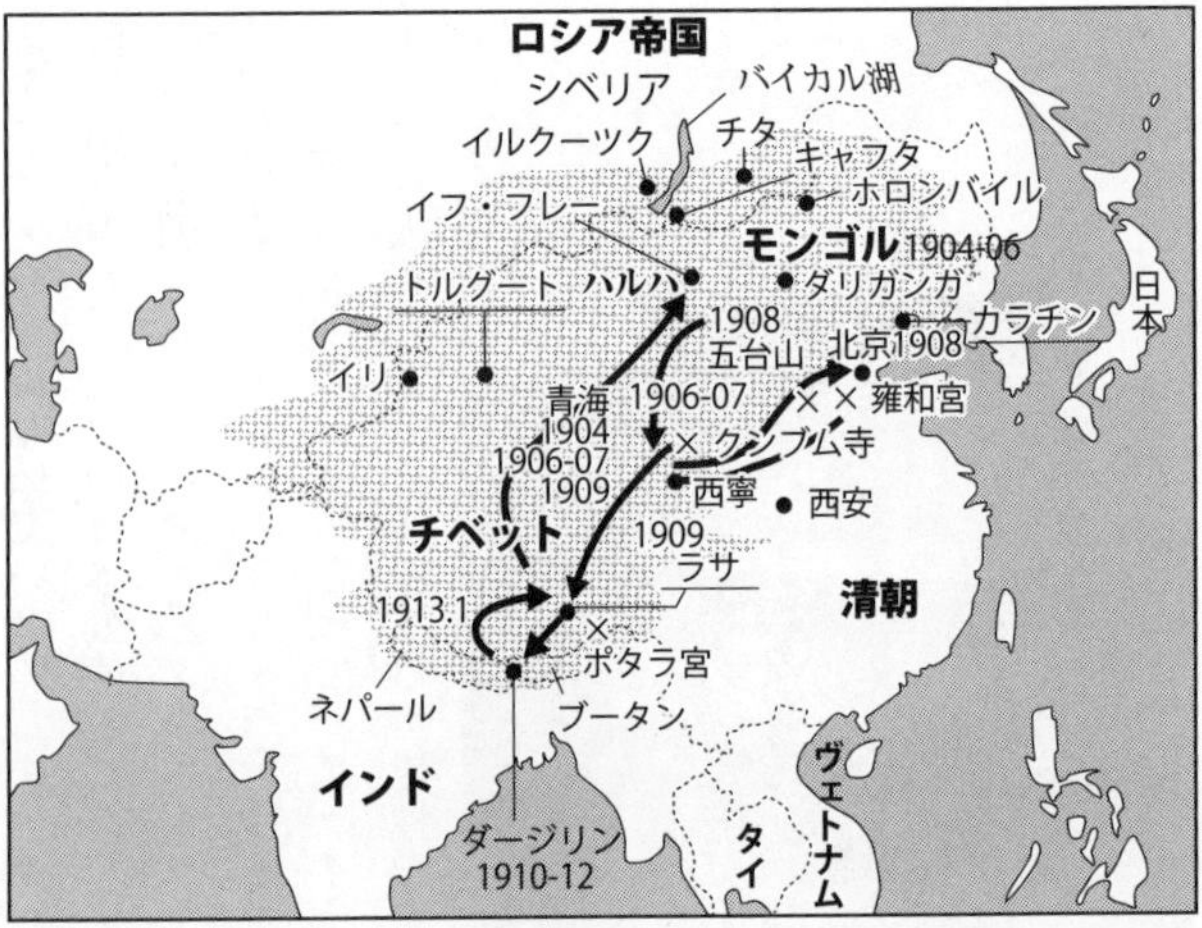

ダライ・ラマ13世の移動経路地図

最大の集落イフ・フレーを結ぶ最短ルートであった。

ダライ・ラマのもとに殺到する巡礼者たち

ダライ・ラマ十三世がハルハの中心イフ・フレーに近づくにつれ、一行に従う巡礼者の数はふくれあがり、イフ・フレーから三回目の迎接団が到着した頃には数千人規模になっていた。イフ・フレーに駐在する清朝官僚の延祉《えんし》は、一九〇五年四月十六日の報告で、ダライ・ラマのもとに集まった巡礼者の七割から八割は、ロシアから越境してきたブリヤート人であったと記している。

ブリヤート仏教界の長であるハンバラマ＝イロルトゥエフは、当初ダライ・ラマをロシアに迎えることを希望していたが、ロシア当局は日露戦争の行く末が不透明ななか、清朝を刺激することを避け、当座はダライ・ラマの入境を禁じた。そのためイロルトゥエフは自ら越境してイフ・フレーに到着する直前のダライ・ラマ十三世を奉迎した。

同年十一月、ダライ・ラマ十三世はイフ・フレーに入り、ロシアに派遣したドルジエフの返答を待ちつつ、一九〇四年の冬をイフ・フレーで過ごした。翌一九〇五年七月にはロシアの著名な仏教学者シチェルバツコイ、ロシア地理学協会を代表した探検家コズロフ、その通訳であるブリヤート人の王公ナムダクノヤン等がダライ・ラマのもとに謁見に現れた。このときのコズロフの記録によると、国境の町キャフタとイフ・フレーをつなぐ道はダライ・ラマ詣《もう》でのロシアの仏教徒で賑《にぎ》わっており、内モンゴルからも四盟のうちの一つシリンゴルの盟長であったナムゲルワンチュクが家族総出でダライ・ラマ詣でにきていたことを伝えている。このシリンゴルの盟長は、のちに日本軍の影響下に成立した蒙古連盟自治政府の王となったデムチョク・トンドゥプ（徳王《とくおう》）の父である。ダライ・ラマ伝にはこのほかにもダリガンガ、ホロンブイル、バーリン等、さまざまな地域からの巡礼者が記録されており、ダライ・ラマの存在が、国境や旗界を越えて人々をダライ・ラマのまわりに引き寄せていたことを示している。

第三節　失墜する在地僧の権威

イフ・フレーがダライ・ラマ詣での巡礼者でこれまでになく活気づく一方、イフ・フレーの本来の主であるジェブツンダンパ八世は同地に滞在しながら一度も公式の場でダライ・ラマ十三世と同席することはなかった。

その理由は、ウランバートルの文書館に残された清朝文書が明らかにしてくれる。本文書はジェブツンダンパ八世の側近がダライ・ラマ十三世の側近の「非道」を訴えたもので、その内容はこうである。ジェブツンダンパ八世はイフ・フレーに到着したダライ・ラマ十三世のために長寿儀礼（テンシュク）を奉献しようとした。すると、ダライ・ラマの側近が「ジェブツンダンパ八世がダライ・ラマより低い座につかねば法要に参加しない」と伝えてきたため、法要は中止となった、ジェブツンダンパ八世をダライ・ラマ十三世と同じ高さの座につけていいかどうかを清朝に判断してほしい、というものである。

チベット仏教の僧院では位階の高さは座の高さで表現される。初代ジェブツンダンパがダライ・ラマ五世の弟子であり、ダライ・ラマはチベットの長であることに比し、ジェブツンダンパ八世はハルハ一地域の王ですらないことに鑑みれば、ダライ・ラマの座をジェブツンダンパ八世より高くしようとしたダライ・ラマの側近の主張は妥当であると思われる。

ではなぜジェブツンダンパ八世はダライ・ラマより低い座につくことを拒んだのであろうか。清朝が弱体化するなか、一八九〇年代からモンゴル王公はジェブツンダンパ八世を国王に戴いてモンゴルを清朝から独立させる構想を練っていた。もし、ジェブツンダンパ八世がダライ・ラマ十三世より低い座につけば、モンゴル人大衆の前でジェブツンダンパ八世の宗教的な権威が損なわれる可能性がある。彼らはそれを避けるため同じ高さの座を要求し、それが叶わないとみると最終的には席次を問題にしなくてすむようにダライ・ラマ十三世との公式の謁見を避けたのである。

ジェブツンダンパ8世

ダライ・ラマ十三世とジェブツンダンパ八世の関係はこの席次問題で早々にこじれ、さらに、戒律を厳格に守るダライ・ラマ十三世が、妻帯し飲酒するジェブツンダンパ八世を批判したことにより両者の関係は修復不可能なレベルまで悪化した。

ダライ・ラマ十三世は移動中一貫して、滞在した僧院や地域において綱紀粛正を行ってい
た。具体的には戒律を破った僧侶を僧院から放逐し、自ら論理学道場に立ってディベートを
行い、僧侶のあるべき姿を示したのである。このダライ・ラマの綱紀粛正によって一番困っ
た立場に追い込まれたのは、生まれながらに尊ばれるため環境に甘えて仏教の研鑽に励まな
い、ジェブツンダンパ八世のような転生僧たちであった。

ジェブツンダンパ八世の飲酒と妻帯は欧米人からも白眼視されており、一九〇七年に『ダ
ライ・ラマとチベット』中において、コズロフは皮肉をこめてジェブツンダンパ八世の日常
を以下のように記している。

現地の住人の言葉から判断するに、ボグド＝ゲゲン（ジェブツンダンパ八世の敬称）は
何憚《はばか》ることなく、やりたい放題であった。彼は自分を信仰している民衆の気持ちなど
気にかけず、ほとんど至るところに公然とモンゴル人の愛人を伴って現れ、その女をモ
ンゴル人たちはジョークで「ターラー女尊」と呼んでいる。地域の聖者（ジェブツンダ
ンパ八世）はあらゆる娯楽によって暇をつぶしており、それは釣り、ダーツ、空砲を撃
つこと、罪を犯したラマを逆さに伏せた大鍋《おおなべ》に監禁することなどである。この種の気晴

らしのとき、あるいは散歩やロシア人の家を訪問するときにも、彼は件《くだん》のターラー菩薩を伴っていた。

このことについて、私や、私同様にボグド＝ゲゲンの生活に興味をもつ他の人に対して、白髪のモンゴル人の老人はこう答えた。「あなた方が、これらすべては善くないことだと考えたとしても、意味のないことだ。逆に善いことなのだ。あなた方に悪いことのように見えるだけだ。ボグド＝ゲゲンのような聖人というものは、このような行いの中にも非難すべきものを見てはならないものなのだ」。同じ理由で、ボグド＝ゲゲンが、ヨーロッパ産のワインや果てはシャンパンに耽溺《たんでき》していることも、断罪すべきこととはみなされていない。最近では、シャンパンがコニャックに代わってウルガ（イフ・フレー）のフトクト（ジェブツンダンパ）のお気に入りなのだ。このことは、偉大なダライ・ラマに対する認識を、その清廉・高邁《こうまい》によって、さらに魅力的なものとした。

以上のコズロフの観察の中で興味深い点は、ジェブツンダンパ八世の破戒行為を「白髪の老人」のような地元の住人は「聖なる密教行者の振る舞い」として、許容していたことである。これはかつて、ダライ・ラマ六世の破戒に対してモンゴル人や満洲人が忍耐できなかった一方、ラサのチベット人が許容していたことにも相通じる。

破戒僧は地元の寛容は得られても、欧米人を含めた外部の人々の崇拝の対象にはなり得ない。ザバイカルの執政官ナダロフから極東提督アレクセイエフに宛てた一九〇五年二月七日付けの秘密電信には、「二千人の仏教徒があらゆる方面からダライ・ラマ十三世のもとに拝礼しに集まり、ウルガのフトクト（ジェブツンダンパ八世）の価値は下がっている」と伝えており、同様の内容は北京のイギリス公使であったアーネスト・サトウによっても報告されている。

このジェブツンダンパ八世との不仲を一つの理由として、一九〇五年の冬、ダライ・ラマはイフ・フレーを離れ、よりロシア国境に近いハンダドルジ親王（一八六九—一九一五）の領地に移動した。このハンダドルジはダライ・ラマがハルハを離れたあともダライ・ラマの宮廷に頻繁に現れる随行王公となる。

英露両大国のチベットからの退場

一九〇五年八月、帝国主義者カーゾンがインド総督を辞任し、代わってミント卿が就任した。同年末、イギリスの政権が保守党のバルフォア政権から自由党のキャンベル＝バナマン政権に代わると、イギリスの対中央ユーラシア政策は大転換した。イギリスは清朝との間で締結した北京協定（一九〇六年四月二十七日）と通商協定（一九〇八年四月二十日）の両協定により、ヤングハズバンドがチベットで獲得した権益のほとんどを手放した。このようなイギリスの政策転換を背景に、一九〇六年五月、駐ロシア英公使のA・ニコルソンからロシア外務大臣イズバルスキーに向けて、ロシアもイギリス同様にチベットを併合しないことを約する条約締結が発議された。日露戦争に敗北したロシアはイギリスの提案に応じ、これによってダライ・ラマはロシアからの支援を受ける望みをまったく絶たれることとなった。

一九〇六年、ダライ・ラマはロシア国境から離れ青海に向けて南下を開始した。清朝はダライ・ラマに清の駅伝を用いるように命じたもののダライ・ラマは無視し、行きと同様ハルハ＝モンゴルや青海王公たちの奉仕のリレーによって旅を続けた。清朝はダライ・ラマを護衛するブリヤート人を刺激しないように同数の清兵を従わせたが、清朝兵はチベット人・ブリヤート人双方から疎んじられた。

清朝の帝国主義化

チベット政府は、自らの頭ごしに結ばれた北京協定に猛烈に反発した。一方、チベットの「宗主権」を認められた清朝も不満であった。清朝から見た「宗主権」とはヴェトナムや琉《りゅう》球《きゅう》がそうであったように、いずれ列強がその地を植民地にするための前段階だったからである。清朝は「宗主権」を「主権」に読み替えるべくチベットの実効的な支配に着手した。

一九〇六年、趙爾豊《ちょうじほう》率いる四川軍は東チベットに進軍して僧院に統制をかけ、ダライ・ラマ十三世不在のラサにおいては張蔭棠《ちょういんとう》がチベットの教育・外交・殖産・警察機構の改革などを施行しようとした。武力を背景にしたこのような近代化のおしつけは、帝国主義列強の植民地支配と何ら変わらないものであり、チベットと清朝皇帝の間に存在していた伝統的な宗教者と施主の関係（チューヨン）は明らかに終焉《しゅうえん》を迎えていた。

一九〇七年八月三十一日、イギリスとロシアは英露協商を締結し、ついに双方がチベットから手をひくことを確認しあった。これにより、第三国がチベットへアクセスする場合には清を通すことが義務となり、ロシアやイギリスが直接チベットを支援することは不可能となった。チベットから見た唯一の救いは、同協商は域外に住む仏教徒がチベットへ往来することについては保障しているため、ブリヤート人はチベットへの入境が自由にできるようになったことであった。日本政府が清朝を介さずにダライ・ラマ十三世と接触しようとして、寺本婉雅、青木文教《あおきぶんきょう》、多田等観《ただとうかん》など本願寺の僧を直接工作にあてたのは、この仏教徒条項を意識してのことと思われる。イギリスの政権交代と日露戦争後のロシアの弱体化は両帝国を中央ユーラシアから遠ざけ、チベットを清朝へと押しやる結果を生んだのである。

クンブムでの綱紀粛正

一九〇六年から一九〇七年までの間、ダライ・ラマはツォンカパ生誕の地にたつクンブム大僧院に滞在し、先頭に立って僧侶たちに戒律を守らせ、仏教の研究と実践を奨励した。この綱紀粛正の結果、飲酒・狩猟などの破戒を行っていたクンブムの大転生僧、アキャ＝フトクト（阿嘉胡図克図）は僧院外へ放逐された。イフ・フレーでジェブツンダンパ八世に起きたことがクンブムではアキャの身に起きたのである。失脚したアキャ＝フトクトは「自分はイスラーム大反乱で荒れたクンブムを再建した、自分を追い出すなら再建時にかかった金を返せ」と抵抗した。

注目すべきはジェブツンダンパ八世やアキャ＝フトクトなどの破戒僧たちは、自らの正統性を主張するとき、修行の怠りについて弁明せず、地域に対する世俗的な貢献を強調したことである。このことは、彼らは仏教界の長になれなくとも地域のナショナリズムの核たりうることを示しており、地域の独立を願っていた人々にとって、ダライ・ラマ十三世のモンゴル滞在は、民衆の宗教的な情熱を目覚めさせるというメリットがあった一方、地域をまとめる転生僧の権威を各地で低下させるというデメリットがあったのである。

五台山での諸民族会議

清朝によるチベットの実効支配化が進むなか、一九〇七年十一月二十七日、ダライ・ラマは清朝皇帝との直接交渉を念頭にクンブムを離れて東行し、一九〇八年三月二十日に五台山に到着した。

五台山は古い歴史をもつ仏教の聖地であり、中国の内地にありつつも長城に近く、五台山の寺院群を束ねるジャサク・ラマのポストにはチベットから派遣された人員があたっていた。このため、ダライ・ラマは五台山滞在中、清朝の意向を無視して自由に行動し、ジャサク・ラマの居殿に滞在し、中央チベットの大僧院から呼び寄せたゲシェ（仏教博士）たちとともに綱紀粛正を主導し、ハルハやブリヤートなどから付き従ってきた王公たちを集めて今後についての協議を行った。五台山は鉄道駅の太原《たいげん》からそれほど離れていないため、アメリカのロックヒル、ロシアの軍人マンネルヘイム（一八六七―一九五一）、フランスのアンリ・ドローネ（一八六八―一九四五）、西本願寺《にしほんがんじ》法主大谷光瑞《おおたにこうずい》の名代大谷尊由《おおたにそんゆ》（一八八六―一九三九）など各国の公使や民間人が次々とダライ・ラマのもとを訪れた。なかでもチベット学者でありアメリカ公使でもあるロックヒルとの関係はダライ・ラマの反英感情をやわらげ、のちにダライ・ラマ十三世がイギリス領インドへ亡命する下地を作ったとされる。

光緒帝・西太后との対面

五台山に滞在中、ダライ・ラマは北京へ参朝するか否かを決めかねていた。参朝は清朝に

光緒帝・西太后との会見　ノルブリンカ宮

臣従の証として利用される危険性がある。しかし、東チベットから四川軍を撤退させるためには皇帝との直接対話は必須である。それでも最終的にダライ・ラマが北京に参朝した背景には、新たに台頭した日本という仏教国がチベットを支援してくれるかもしれないとの期待があったからと思われる。ダライ・ラマが五台山に向かう直前、寺本婉雅はダライ・ラマに対して「もし北京に行くのであれば、日本の官憲は微力をつくして、参朝の目的を助ける」という空手形をきっていた（寺本婉雅『蔵蒙旅日記《ぞうもうたびにっき》』）。

ダライ・ラマは西太后の誕生日に長寿儀礼を行う名目で北京に向かい、一九〇八年九月二十八日に汽車で北京に到着した。北京にはドルジエフ、ハルハのハンダドルジ親王、寺本婉雅などこれまでダライ・ラマに随伴してきた王公たちが集結し清廷の出方を注視した。

清朝はダライ・ラマの滞在する黄寺《こうじ》門前に人の出入りを監視する派出所を作り、ダライ・ラマと各国外交官の接触を監視下に置いた。しかし、日本やアメリカの外交官は自前の通訳をつれ清朝官吏の同席を拒み、また、ダライ・ラマの側近は各国公使館を訪れてダライ・ラマの意向を伝えたため、清朝は各国とダライ・ラマの交流を完全に制御することはできなかった。

北京滞在中のダライ・ラマは光緒帝・西太后との三回に及ぶ直接対面を行った。このうち二度目の十月三十日に紫光閣で行われた宴会の席において、ラサから北京に戻っていた張蔭棠はダライ・ラマの席次を皇帝から離れた低い場所にしつらえて、清朝のチベットに対する主権を誇示しようとした。ダライ・ラマの側近たちはこの席の配置に驚き、清皇帝に抗議すべきかどうか日本公使館に相談したが、公使館はチベットやモンゴルが清朝から分離・独立することについて慎重な姿勢であったため、側近たちに自重を説いたのみであった。つまり、寺本がダライ・ラマに約束した日本の官憲によるチベットのための口ききは行われなかったのである。

第四節　近代的な「国」への道

西太后の長寿法要が施行された日、清朝はダライ・ラマに新たな称号「誠順賛化西天大善自在仏」を発給した。この新称号からは旧称号にあった「世界の仏教の主宰者」（所領天下釈教）の一文が消え、「清皇帝の教化に従順に従う」（誠順賛化）という屈辱的な表現が加えられた。ダライ・ラマ側からみて大変不本意な称号であった。この称号を用いて発布されたダライ・ラマの詔勅は知られている限り一例しかなく、おそらくは称号の内容をチベット人に悟らせないために、問題の箇所をチベット語に訳さずに中国語の発音そのままに転記している。

法要から約半月たった十一月十四日に光緒帝が、翌十五日に西太后が相次いで薨去《こうきょ》した。ダライ・ラマは両宮の葬儀を終えるや北京を発《た》ち、一九〇九年の末にラサに帰還した。実に五年ぶりのポタラ宮への帰還である。到着するやいなやダライ・ラマは新たな称号「聖地よりの仏のお言葉。勝者王、三世間のよりどころ、あらゆる時、あらゆる地の全仏教を掌《つかさど》る者、一切を知るお方、不変、持金剛仏ダライ・ラマ、神と人が頭上に供養する如意宝珠王」

漢文・満洲文が抜けインドのランツァ文字が加わった新玉璽

を名乗り、その称号を刻んだ金印の初捺《はつお》しを、釈迦堂の釈迦牟尼像をはじめとするラサの歴史ある仏たちに献じていった。ダライ・ラマがラサに到着してすぐ新称号を発布し、金印も準備されていたことから、屈辱的な称号が発給された時点で清朝との断交を考えて準備を進めていたものと思われる。

新しい称号はダライ・ラマの権威は清皇帝ではなく、インド（聖地）の仏によるものであることが強調され、さらに清皇帝が削った「全世界の仏教の主宰者」という一文も復活していた。印璽の文字も満洲文字と漢字が消え、インドのランツァ文字が加わっており、チベットが文化的に清朝からインドへとシフトしたことが明示された。

ダライ・ラマが新称号を発表した直後の一九一〇年二月、四川軍がラサに侵攻してきたため、ダライ・ラマはふたたびラサを脱出し、四川軍の追尾をふりきって英領インドのカリンポンへと越境した。ラサを占領した清朝軍はふたたびダライ・ラマの廃位を宣言し、ラサを略奪した。

英領インドでの日々

一九一〇年三月十四日、カルカッタ（現コルカタ）において、ダライ・ラマとインド総督ミント卿の会見が行われた。ダライ・ラマはチベットの独立国としての地位回復、清軍をラサから撤退させるための支援を求めたが、イギリスは英露協商によりチベットへの不干渉をロシアと約していたため、五月二十三日に「英国はチベットと中国の問題に介入しない」旨がダライ・ラマに正式に通達された。

その年の冬、ダライ・ラマは、釈迦が生まれたルンビニー、覚りを開いたブッダガヤ、最初に教えを説いたサールナート（鹿野苑《ろくやおん》）、涅槃に入ったクシナガラなどの仏跡を巡った。かつてはブリヤート仏教界のトップであるイロルトゥエフが、そしてドルジエフが歩いた仏跡巡礼の道を、ダライ・ラマもたどることになったのである。彼ら同様ダライ・ラマも、チベット人の解釈とはやや異なる欧米人の「仏教」に対するリスペクトと、異国の仏教徒との出会いを体験したことであろう。

チベット・モンゴルともに清朝との決別を宣言

一九一一年十月に辛亥革命が起きると、その翌月にはモンゴル王公はジェブツンダンパ八世を国王に戴いてモンゴルの独立を宣言した。ジェブツンダンパ八世の公印にはダライ・ラマを意識した「政教一致のボグド＝ハーン」号が刻まれた。民族的にはチベット人であったジェブツンダンパ八世が独立モンゴルの初代国王となったことを意外と思う向きもあるかもしれないが、仏教が浸透したモンゴル社会においては世俗の王公よりも名跡の転生僧の方が権威があったこと、初代と二代目ジェブツンダンパがチンギス＝ハンの男系の血筋から出ていたことを考えれば、ジェブツンダンパが国王になることは自然の流れであった。

一九一一年の十二月二十八日に行われたジェブツンダンパ八世の即位式は、式次第も王権像もダライ・ラマの即位式にならったものであったが、一点、トンドゥプラモを王妃として即位させるため、ジェブツンダンパを密教の本尊チャクラ・サンヴァラ尊に、妃のトンドゥプラモをその明妃ダーキニー尊とする王権観を採用した部分が異質であった。この「王妃」トンドゥプラモはコズロフがジェブツンダンパ八世の愛人と名指しし、モンゴル人が「ターラー尊」と呼んでいたあの女性である。彼女はチンギス＝ハンの末裔であった。

ソ連の影響を強く受けていたモンゴル人民共和国の時代には、モンゴル史の画期は一九二四年の社会主義革命とされたが、一九九〇年の民主化以後は、一九一一年に成立したボグ

チベット版「チベット・モンゴル条約」原本

ド＝ハーン政権こそが「モンゴル民族の国の始まり」として重視されるようになった。

翌一九一二年二月に宣統帝《せんとうてい》（溥儀《ふぎ》）が退位し清朝が消滅すると、チベット人はラサに駐留する清朝軍の排除に着手した。六月二十四日、ダライ・ラマはカリンポンを出発して北上したが、ラサでは清軍とチベット・ゲリラの市街戦が続いていたため、ラサの西南にあるチュンコルヤンツェで足止めとなった。イギリスの仲介で清軍がインド経由で中国へと送還された一九一三年一月、ダライ・ラマはようやくラサへと帰還した。

この直後の一月十一日、イフ・フレーにおいてチベット・モンゴル条約が締結された。本条約の最初の二条において、ジェブツンダンパ八世をモンゴル国の、ダライ・ラマ十三世をチベット国の元首として互いが互いを承認し合い、続く第三・四・五条では両国は協力して仏教を広めること、経済的・政治的に助け合うことが確認され、第六条と七条で両国の貿易に関する取り決めがなされた。

本条約はチベットやモンゴルがかかわるその後の国際条約に引用されなかったこと、原本の所在が長らく不明であったことなどから、その存在を否定する者さえいた。しかし近年、ウランバートルの文書館より同条約のモンゴル語版・チベット語版の原本が発見され、最新の研究ではモンゴル在住のチベット商人の管理にさいして運用されていたことが明らかとなり、同条約はふたたび注目を集めている。

ダライ・ラマ十三世はもともと政教一致のチベット政府の長であった一方、ジェブツンダンパ八世はハルハ一地域の王ですらなかったこと、ダライ・ラマ十三世のモンゴル滞在のさいにジェブツンダンパ八世がダライ・ラマに激しく批判されていたことに鑑みると、両国の友好を謳《うた》うこの条約はダライ・ラマよりもジェブツンダンパ八世にとってより意味のあるものであったと思われる。

二月十三日、ダライ・ラマはのちに「独立宣言」と呼ばれる布告を全チベット人に向けて発布した。その前文でダライ・ラマは「中国とチベットの歴史的な関係は『高僧とそれを後援する施主』（チューヨン）の関係であり、主従関係ではないこと」を繰り返し述べ、四川軍がチベットを侵略しこの伝統的な関係は壊れたため、清朝の滅亡とともに中国との関係は終わったことを宣言した。

この宣言のあと、ダライ・ラマは臣民がなすべき義務として以下の五ヵ条を掲げた。

（一）世界の平和は仏教の護持によって実現する。したがって、ソンツェン・ガムポ王代の古刹を維持すること。
（二）チベット仏教の各宗派の僧院は各々の伝統を守って清浄な生活を保つこと。僧院の会計士は交易・金貸しなどを行ってはならない。
（三）官僚は文武を問わず、徴税のさい、あるいは臣民と接するさい、臣民の利益を損なうことなく、政府に資するように公平で正しい判断をもって義務を遂行すべきである。また、職権を濫用したり残酷な刑罰を行ったりしてはならない。
（四）祖国の独立を維持するために、防衛に努めるべきである。国境近くの住民は警戒を怠らず、一旦《いったん》緩急あれば、特使を送って政府に通報するように。
（五）未耕作地の開墾を奨励する。開墾した土地は三年間無税とし、土地は耕作者の所有物となる。

第一条と第二条は「仏教が地上において正しく行われていれば世界は平和になる」というソンツェン・ガムポ王以来の伝統的な考え方に基づいたお触れであり、ダライ・ラマが八年にわたる移動の中で、各地で行った綱紀粛正も同じ思想に基づいている。ソンツェン・ガムポ王が羅刹女を鎮めるために建てた寺の復興も、歴代のチベットの支配者たちが治世のはじめに行ってきた伝統である。最初の二条が仏教界に対しての綱紀粛正であることに対し、第三条は世俗の官僚に対して出されたもので、官僚に私益ではなく公益のために働くべきことを説いている。

第四条の軍隊の創設と第五条の殖産奨励は、これ以前のチベットの伝統には存在しなかった近代化の施策であり、ダライ・ラマが八年の移動期間においてさまざまな見聞を重ねた結果、チベットの近代化を不可避と判断したことが見て取れる。

ダライ・ラマ十三世はこのあと、平民出身のツァロンを取り立てて常備軍を創設させた。ツァロンは一九〇九年ダライ・ラマが英領インドに亡命するさい、身を挺《てい》してしんがりを務めダライ・ラマのインドへの脱出を成功させた人物である。軍隊の調練はイギリス式、ロシア式、日本式が検討されたが、最終的にはイギリス式が導入された。

この布告文は独立宣言と通称されることが多いが、「独立」という言葉にはいずれかの国の支配下に入っていたというニュアンスがあるため適切ではないという意見もある。一九〇六年から始まる四川軍による東チベット侵攻と一九〇九年から一九一一年までのラサ占領期間を除けば、チベット側には歴史的に中国の支配下にあったという認識はない。このため、この宣言は中華民国に対する断交宣言と称した方が実情にあっているといえる。

ダライ・ラマ十三世が行った綱紀粛正は、大僧院や官僚の横暴に苦しめられていた庶民から快哉《かいさい》の声をもって受け入れられた。人々の間では、ダライ・ラマ十三世が遊牧民や農夫の姿でラサの街を歩き回って官僚の汚職の噂を集め、噂の主を宮廷に呼びつけ調査を行った、という水戸黄門《みとこうもん》ばりの話まで語られた。一方、伝統を変えることを好まない既得権層が「この伝統はダライ・ラマ五世が決めたものです」と反論すると、ダライ・ラマ十三世はこう答えたという。「ダライ・ラマ五世は今は誰ですか？」。

「独立国」としての承認努力

ダライ・ラマはダージリン滞在中よりチベットを近代的な「国」として機能させるための準備に奔走し、そのための外交努力を始めていた。一九一二年にダライ・ラマはインド国境の町パリに着くとチベット側から南下してきたドルジエフと合流し、ロシア皇帝ニコライ二世に宛てた親書を託した。この親書はダライ・ラマ十三世がチベットを国際的に認知させるために具体的な行動を起こしていたことを伝えてくれる。一九一三年四月六日付けのロシアの外務大臣カコツォフのメモに基づき、ダライ・ラマ十三世の親書の内容を要約すると、以下の通りである。

（一）イギリスとロシアでチベットを国として承認し保護してほしい。
（二）ラサにロシアの公使を置いてほしい。英露協商が阻害要因となるなら、イギリスやその他の国を説き伏せて条約を改定してほしい。
（三）武器と軍事顧問を送ってほしい。それが無理なら武器がロシアを通過するのを認めてほしい。
（四）借款をひきあげてほしい。
（五）これらの問題を遂行するためにドルジエフの地位を合法化してほしい。

以上をまとめると、ダライ・ラマは英露の支援のもとチベットを国際的に承認させ、公使をロシアに駐在させ、条約を改定し、チベット軍を編成しようとしていたことがわかる。実は同様の働きかけは日本にもなされていて、一九一二年五月十四日付け、カルカッタ領事代理から内田《うちだ》康哉《こうさい》外務大臣に宛てた暗号電信には、ダライ・ラマ十三世が日本政府に向けた以下のような要請を伝えている（要約）。

清国兵をチベットから駆逐し、モンゴルと同じく独立を布告することを決定した。第一。清国が援軍を派遣すればチベットは独力では抵抗できない。したがって、チベットを日本の保護下に置いてくれないか。第二。武器・弾薬を外国から輸入したいが、イギリスは英露協商により中立を主張し、軍需品のインド国境通過を許さない。唯一の方法は日本から購入してモンゴル経由でチベットに運搬することしかないが、満洲のある地点からモンゴルに入れることを日本が黙認してくれないか。

この要請はダライ・ラマの御用商人ニィジャン（ダライ・ラマ十三世のダージリン滞在を助けたチベット人大商人ニマゲルツェンの通称）がカルカッタ大学で教鞭をとっていた山上曹源《やまがみそうげん》を介してカルカッタ領事代理に伝えたものである。この要請はダライ・ラマ十三世がニコライ二世に行った要請の（一）と（三）に対応しており、ダライ・ラマ十三世のチベット帰還のため、英露協商に縛られない日本に軍事支援を求めていたことがわかる。

同時期、一九一二年六月、駐カルカッタのロシア副領事レヴェリオティが「ドルジエフが大使としてふるまっている」という噂を本国外務省に打電しているが、実際、チベット政府は駐ロシアのチベット大使としてドルジエフをヨーロッパに送り込んでいたのである。

ダライ・ラマ十三世がラサに帰還し通称独立宣言を行ったまさにその同日、一九一三年二月十三日、駐ペテルスブルク英公使ブキャナンが、一五人のチベット人学生がペテルスブルクに到着すること、ドルジエフが五月にロンドンに行く予定であることを報告している。ドルジエフがなぜ五月にロンドンにわたろうとしたのかは、チベット政府から駐英チベット公使として措定されていたルンシャーと四人のチベット人留学生が四月二十四日プリマスに到着していることからおのずと明らかになる。

イギリス側はルンシャーとドルジエフが駐イギリス公使・駐ロシア公使として承認されるべく対の動きをしていることに気づきつつも、あえて無視した。しかし、ニコライ二世がドルジエフとチベット留学生を引見すると、六月二十八日、ジョージ五世もルンシャーとチベット人留学生を引見し、ダライ・ラマ十三世の親書と贈り物を受け取った。ダライ・ラマは同年、青木文教を通じて日本の大正天皇にも親書を送っている。

ドルジエフとダライ・ラマは一九一三年を最後に対面することはなく、以後は書簡のみでの交流が続いたが、スターリンの粛清の最中に命を落とすまでドルジエフはロシアにあってもチベット仏教徒の立場を代表し続けた。日露戦争前の日本はドルジエフをロシアのスパイとみなして警戒していたが、近年の研究は一致して、ドルジエフの行動原理はあくまでもダライ・ラマ十三世と仏教への献身を軸にしていたことを認めている。

現在ブリヤート共和国ではチベット仏教をブリヤート人のアイデンティティの重要な一部としてとらえているため、ダライ・ラマの側近にまで出世したドルジエフは民族の誇りとなっている。

東チベットにおける国境画定

ダライ・ラマは東チベットにおける中国との国境紛争を解決するために、イギリスを調停者として巻き込み三者会談を行うことを提案した。一九一三年十月十三日、英領インドの夏の都シムラにおいて会議がもたれ、チベットからは大臣シェーダ、中華民国からは陳《ちん》貽《い》範《はん》、イギリスからはヘンリー・マクマホン（一八六二―一九四九）がそれぞれ全権大使として参加した。ダライ・ラマは以前から一貫して行っていた主張「モンゴル人や満洲人の皇帝との間に宗教的な施主と応供僧（チューヨン）の関係しかなく、チベットは中国の一部であったことはない」を繰り返し、中国とチベットの国境線は伝統的な国境であるタルツェムド（康定）に置くべきと主張した。タルツェムドは四川盆地がチベット高原に向けて隆起する境界にあり、清朝時代に漢人世界とチベット世界の境界と認識されていた地である。

それに対し中国側は元朝以来チベットは中国の支配下にあると主張し、東チベットと中国の境界をラサからほど近いギャムダ（江達）に置くことを主張した。チベット側は徴税文書などの政府文書を大量に持参し東チベットの地がチベットに帰属することを実証的に主張した一方、中国側は口頭で自らの主張を繰り返すのみであったため、会議は着地点が見いだせないまま紛糾した。

最終的にマクマホンは、チベットが中国の宗主権下にあることを承認し、東チベットをチベット側の主張する国境と中国側の主張する国境の真ん中にひき、東側を内チベット、チベット本土を外チベットとし、外チベットにはダライ・ラマの「自治」を認め、中華民国は外チベットを併合しない、という形で両者の言い分を調整した。チベット政府は中国の宗主権についても、東チベットの統治権の喪失にも強い不満を覚えていたが、一九一四年九月七日、この条約（シムラ条約）の調印に同意した。陳貽範はこの条約にイニシアルでサインしたが、東チベットの国境線に異論があるとして最終的に調印を拒絶した。ちなみに、中華民国は外チベットの自治については何ら異論を提出していない。

近年シムラ条約のチベット語版に対する研究が進み、条約内で「自治」を意味する言葉として用いられているチベット語の「ランツェン」、すなわち現代的にいえば「自強」「自立」「独立」を意味する訳語は、ダライ・ラマが対外的にチベットが中国とは別個の国であったことを示すときに一貫して用いていた言葉であることから、チベット側は「独立」のニュアンスをこめてこの条約を受け入れていたことが指摘されている。

一九一三年、互いを独立国として承認しあった一方のモンゴルも、同年に露中宣言が出され、中華民国の宗主権を受け入れさせられた。

中国がシムラ条約の調印を拒否したことにより、東チベットと中国の国境問題は曖昧なまま放置され、東チベットに軍隊を送り支配を既成事実化しようとする中国側と、ダライ・ラマ政権との間で武力衝突が頻繁に繰り返された。しかし、全体としては中華民国が列強の侵略や内戦によって弱体であったこともあり、チベット本土は一九五〇年の人民解放軍の侵略を受けるまでは「事実上の独立」時代を享受することとなる。

十三世による伝統文化の復興

ダライ・ラマ十三世は近代化を行う一方で、伝統文化の復興においてもめざましい功績をあげた。チベットの仏教経典（大蔵経）は「仏の言葉を翻訳したもの」を意味するカンギュル一〇八巻と「仏の言葉に対してインドの聖者が付した注釈書を翻訳したもの」を意味するテンギュル二〇〇巻以上の二部から構成される。いわゆる顕教・密教の経典はカンギュルに属し、チャンドラ・キールティなどのインドの聖者が記した論書はテンギュルに含まれる。ダライ・ラマ十三世はラサ版のカンギュル・テンギュルの編集・開版を発願し、それは十三世の死後に完成した。

また、僧侶たちの学位試験が情実や賄賂《わいろ》によってゆがめられていたことを問題視し、仏教博士号の質を高めるため、各僧院において厳密な選抜試験を行い優秀な学僧のみが最終試験に送られるようにした。

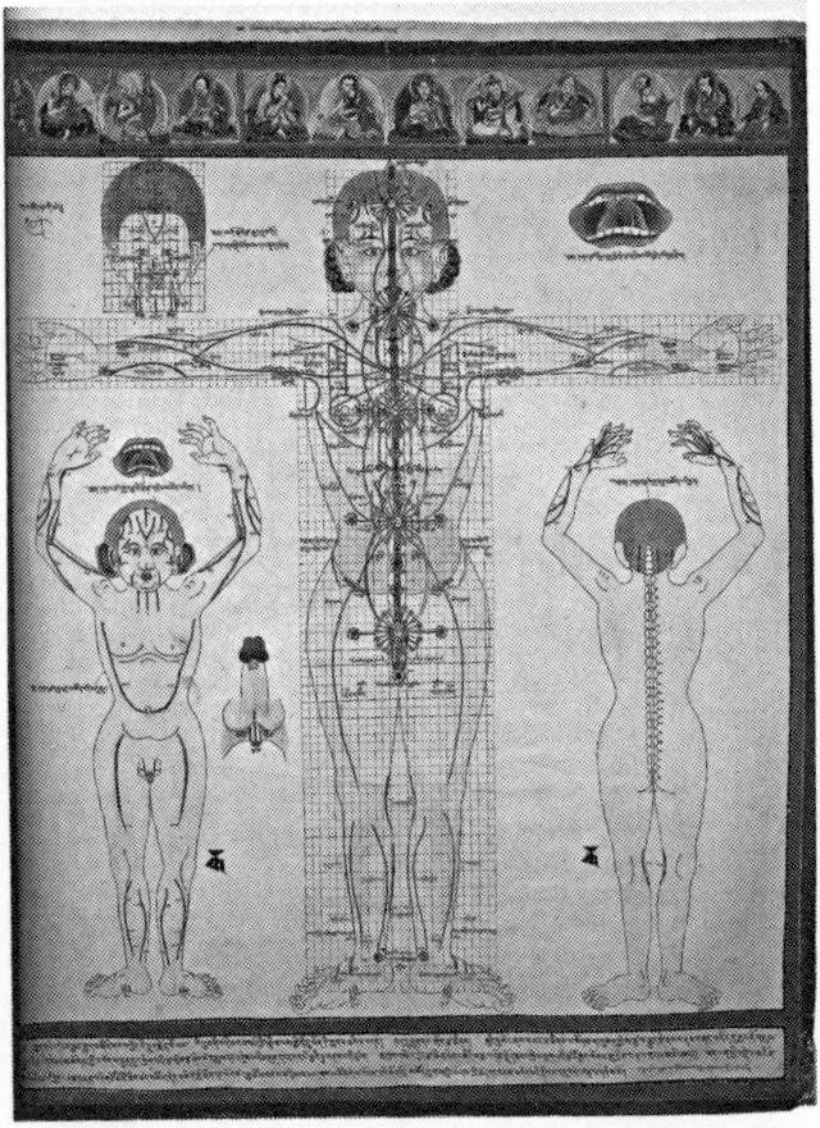

『四部医典』タンカよりチャクラ図

パドマエフがロシア帝国の首都でチベット医学を学んでいたことが示すように、チベット医学はロシアでも中国でも非常に高く評価されており、高度差にとむチベット高原でとれる多種・多様な薬材から作られたチベット薬は国内外で需要があった。

チベットで医学を学ぶ者がまず暗唱する基本聖典は十一世紀にタパ・グンシェーによって「発掘」された『四部医典』である。ダライ・ラマ五世の摂政サンゲ・ギャンツォはこの『四部医典』に注釈を記した医学の大家として知られ、ポタラ宮の向かいの丘チャクポリに医学堂を創設した。ダライ・ラマ十三世は、ラサ市内のテンゲーリン寺跡（清朝軍の拠点となったため破壊されていた）に医学と暦学を教授する学堂を設立し、『四部医典』の内容を図解した五七枚一セットのタンカ（軸装チベット絵図）セットをいくつも複製し、各地に送付して医学生の養成に努めた。

十三世の「遺言」

一九三二年のチベット暦正月、ネチュン護法尊がシャーマンの口を通じて、ダライ・ラマ十三世に死の危険が迫っていることを告げたため、政府をあげてダライ・ラマに長寿祈願法要が奉献された。このとき、ダライ・ラマはのちに「遺言」といわれる文章を記した。そこには、自らが生まれてからその日に至るまでのさまざまな出来事を述べた後に、共産主義が内外から侵入してきている現状、それに対していかなる備えをなさねばならないか、について以下のように語った。

（前略）私は齢《よわい》五十八歳に近づきつつあり、まもなく政治と宗教の公務を司ることができなくなる。みなはこの事実を直視しなければならない。現在我々の隣人にはインドと中国がおり、これらは軍事大国である。したがってこれら二国とは友好関係をできるだけ保たねばならない。また、紛争の絶えない国境周辺の小さな国家群もある。これらの国々を押さえるために、精鋭な軍をもち、訓練を行うことが国の安全を確保するための長久の策である。とくに、現在は五濁《ごじょく》の特性が地に満ちている。

また、共産主義者が跳梁跋扈《ちょうりょうばっこ》しており、彼らはすでにモンゴルの大半を接収しジェブツンダンパの転生者を探索することも禁じた。彼らは僧院の生活の糧を奪い、僧侶を軍隊に入れて（殺生を強要し）、仏教の教えを完膚なきまでに滅ぼしてしまった。イフ・フレーやその他の地域で起きたこのような出来事についてあなた方も聞いていることと思う。

まもなく共産主義は宗教と政治の栄えるこの中央チベットの地にも、内外より入ってくることであろう。それが起きるときには我々は自らを護らねばならない。そうしなければ、勝者父子（ダライ・ラマとパンチェン・ラマ）をはじめとする仏教の聖者たちもみな跡形もなく滅ぼされて、宗務局や僧院の顕教の学習カリキュラムや密教の灌頂などの法灯は断ち切られるであろう。（古代チベットの）三聖王（ソンツェン・ガムポ、ティソン・デツェン、ティレルパチェン三聖王）以来の政教一致の政府の美風を受け継ぐわが国の政府も辱めを受けるであろう。人々が父祖より受け継いできた荘園や財産も根こそぎ奪われるであろう。我々は敵の奴隷となって希望を失ってさまよい歩くことになろう。チベットのすべての命あるものたちが恐怖と苦しみの中で日夜を過ごすこととなるだろう。

したがって、政教一致のチベット政府の公務が正しく実行され、平和であり、願わずとも幸福が我々の手のうちにある今こそ、平和的な手段と軍事的な手段の両方を場合に応じて使い分けることだ。そうすれば、間違ったと思うことも悔いることもないであろう。

政教一致のチベット政府の平和は、在家・出家の仏に仕えるものたちみなの奉仕にかかっている。全チベットが平和になるためには、僧であれ俗人であれ、身分高きものであれ賤《いや》しきものであれ、すべての民が心を正しく一つにして努力することが大切である。個々人が能力の限りをつくして協力して公務にあたらねばならない。

取るべきものを取り、捨てるべきものを捨て去り、政府を護っている護法尊たちが「見るだけで利益ある師」（パドマサンバヴァ）の意識に同軌する儀式を行っていくなら、どうなっても怖れることも心配することもない。現状を維持することができるであろう。

私と心を一つにして政教一致のチベット政府の公務に対して、公明正大に一生懸命奉仕する者たちに対して、私は力を与え幸運をもたらそう。行いの正しくない者たちに対しては確実に悪運をもって懲罰を加えよう。自分のことばかり考え、身内をかばい、面子《メンツ》ばかりを気にしているような者は、政治に対して一瞬の安楽をもたらすかもしれない。しかし、適当なことをして全体に対する責任を取らなければ、ついには災いとなるであろう。ほどなくして彼らはその無責任を悔いることになるであろうが、そのときには何らかの処置を施そうにも手遅れなのである。

今のチベットの幸福と繁栄は私が生きている間は続くであろう。そのあとには、相当な苦難が生じ、それぞれが行為の結果によって前述したような体験をするであろう。

私の明晰《めいせき》な経験と理性のもとに私はあなた方にこう戒めた。これ以上の教えを述べることはもうないであろう。

私の長寿を祈るために外的に儀式が行われつつある。しかしもっとも重要なことは人々が心の内で今まで述べてきた私の教えを守ることである。もし過去に過ちが行われていたなら、我々はそこから学び、未来にふたたび行わないように注意し、今からでも能力の限りに努力せねばならない。

その間、私の方でも仏教と政治が長期的に栄える方策をつくし、公務に対する名実備わった奉仕を全力で行おう。すべての民が内なる心と外なる公務に勤勉に務めれば、以前のようなよき時代に憩うことができ、それは百年でも続くであろう。

あなたは、私に助言を求め私はそれに答えた。これを心にとどめて行住坐臥《ぎょうじゅうざが》あらゆる場面で昼も夜もその本質を実現するよう試みるように。一生懸命、取るべきものを取り、捨てるべきものを捨て去ること、それらを間違えないことが極めて重要である。

この文章が書かれたのち、十三世は肺炎により急逝した。周知の通り、チベット人はダライ・ラマの課した義務を果たさず、「遺言」に述べられた通りの災厄、すなわち共産主義を掲げる人民解放軍が侵略し、チベットの政府は辱めを受け、国を奪われ、チベット人は「敵の奴隷となって希望を失ってさまよい歩くことにな」ったのである。

第四章　ダライ・ラマ十四世によるチベット問題の国際化

　ダライ・ラマ十三世の死後、政務を代行し、次代のダライ・ラマを探索・認定するという重責を担うべく、二十歳そこそこのラデン五世（一九一二―四七）が摂政に就任した。このような若年の僧が摂政についたのは、伝統的に摂政を輩出する四つの僧院の転生僧たちは、ラデン以外はいずれも幼年か、逝去してまもない状態で選択肢がなかったからである。

　摂政ラデンは占いやシャーマンのお告げや、ラモイ・ラツォの湖面に映ったヴィジョンを総合して、ダライ・ラマ十四世は東北チベットに生まれることを確信し、その地に使節団を派遣した。使節団は青海湖に近いタクツェルの地に一九三五年の七月六日に生まれたラモ・トンドゥプという童子を見いだした。使節団の長であるケウツァン・トゥルクは俗人の姿に仮装して童子の前に現れたが、童子は「セラ・ラマ」（セラ大僧院の高僧）と生前の十三世と同じように呼びかけ、さらに十三世ダライ・ラマの遺品を間違えずに選んだため、ダライ・

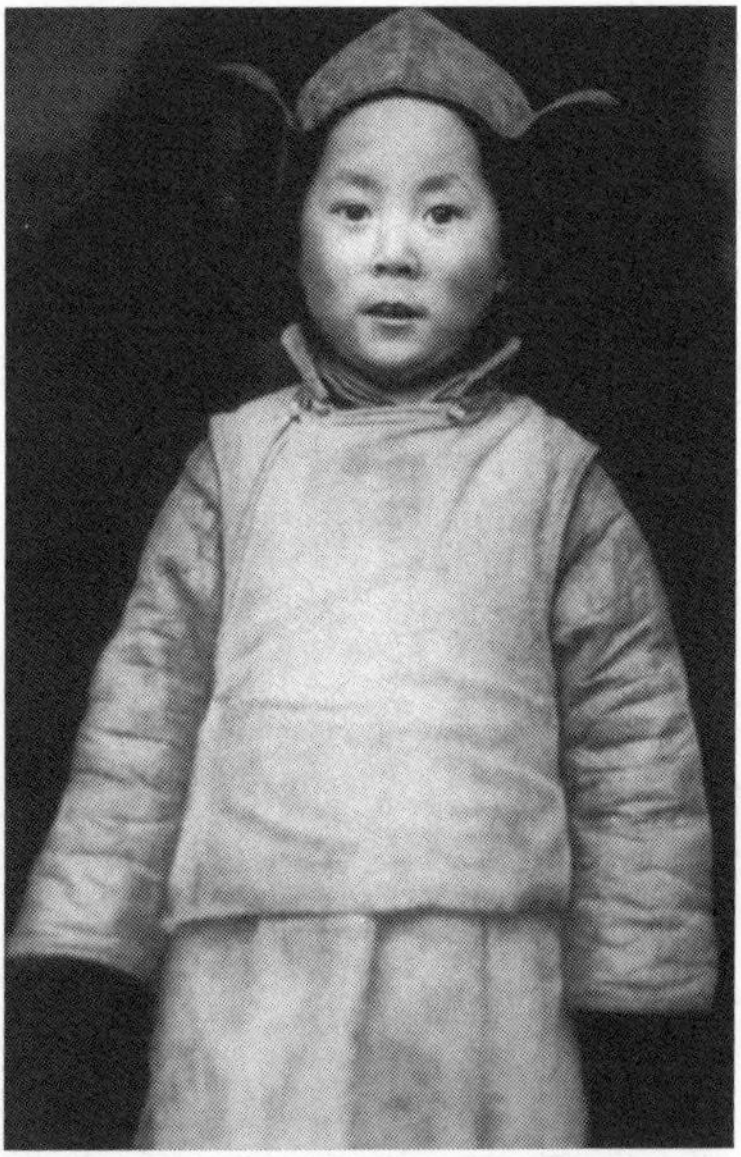

幼少時のダライ・ラマ14世（写真・Raghu Rai/Magnum Photos/アフロ）

ラマ十四世と認定された。童子は一九四〇年にラサに迎えられ正式にダライ・ラマ十四世テンジン・ギャンツォとして即位した。

　ラデン五世は女犯をし、さらに浪費癖があるなど問題の多い僧であったため、十四世が六歳の一九四一年に失脚した。代わって摂政の座についたのはタクタ・リンポチェ（一八七四―一九五二）であった。

第一節　人民解放軍のラサ侵攻

一九五〇年十月「帝国主義勢力からチベットを解放する」というスローガンを叫びながら、人民解放軍が中央チベットに侵攻した。言うまでもないが、一九四七年にインドがイギリスから独立したのち、チベット周辺には「帝国主義勢力」なるものは存在していない。当時チベットに滞在していた欧米人も、英領インドの収容所を脱走しチベットに亡命していたオーストリア人の登山家ハインリッヒ・ハラー（一九一二―二〇〇六）とピーター・アウフシュナイター（一八九九―一九七三）、無線技士としてチベット政府に雇われていたイギリス人のロバート・フォード（一九二三―二〇一三）など政治性のないごく少数の人々であった。もしチベットに帝国主義勢力なるものがあったとしたら、それは中華人民共和国をおいてほかにはない。

人民解放軍が青海に侵入してきたさい、ダライ・ラマの十三歳年上の長兄、トゥプテン・ジクメ・ノルブ（一九二二―二〇〇八）は青海のクンブム大僧院の僧院長の座にあった。ダライ・ラマ十四世が生まれる前、長兄はタクツェル＝リンポチェという転生僧としてクンブムに迎えられており、弟がダライ・ラマに認定された後は、ラサに移住していた。一九四七年に父の遺灰を故郷にまくためにインド経由で青海に戻ったところ、青海の人々に請われてふたたびクンブムの僧院長の座についていたのである。

解放軍の司令官はダライ・ラマの兄にチベット政府を説得して人民解放軍を歓迎するように命じ、それが叶わないのなら、ダライ・ラマを「排除」するように命じた。長兄はその提案を受け入れたふりをして一九五〇年の十一月にラサに戻ると、解放軍の実情を弟に告げアメリカに亡命した。

ダライ・ラマの三人の兄と一人の弟は、中国の侵攻前は家を継ぐために結婚したギャロ・トンドゥプを除いていずれも僧侶となっていた。しかし、一九五九年以後に僧侶であり続けたのはダライ・ラマ十四世ただ一人であった。兄弟たちはみな僧衣を脱がざるを得ない状況となったのであり、ダライ・ラマの家族一つを例にとっても亡国の混乱が多くの人々の運命を激変させたかがわかる。

中国によるチベット併合

中国軍がラサに迫るなか、ダライ・ラマ十四世の親政を望む声が朝野に高まり、十四世は十五歳という異例の若さで摂政から政治権力を引き継ぐことになった。即位式が終わると慌ただしくラサを離れ、シッキムの国境に近いトモ(亜東)に退避した。

一九五〇年十一月、エルサルバドルを介して国連に中国のチベット侵略を取り上げる動議を提出したものの、インドが反対したため採択とならなかった。イギリスが結んだ条約を継承する立場にあったインドは、建国直後よりパキスタンとの戦争を抱えており、中国と事を構えることを避けたのである。人民解放軍はチベットに侵攻した同月、朝鮮半島に義勇軍を送り込んでおり、国連は朝鮮半島情勢への対処に追われていたことも国際社会がチベット問題を傍観する理由の一つとなった。結果、チベットは一九五一年五月、チベットの中国への併合を記した一七ヵ条協議への調印を余儀なくされた。

同協議は第四条で「チベットの現行政治制度に対しては、中央は変更を加えない」、第七条に「チベット人民の宗教信仰と風俗習慣を尊重しラマ寺廟《じびょう》を保護する」、第九条では「チベット民族の言語、文字および学校教育を逐次発展させる」、第一一条で「中央は改革を強制しない。チベット地方政府が自ら改革を進めるなら協議する」などと現状維持を約していたものの、カム（東チベット）とアムド（東北チベット）は一九五〇年以前に中国軍に占領され中国国内とみなされていたことから、この一七ヵ条協議の適用対象外となり、僧院が破壊され、僧侶が還俗させられるなどの急激な「改革」が進められた。結果としてチベット人と漢人の衝突があちこちで勃発し、一九五七年にはカムパ（東チベット人）のゲリラ組織「四の川に六つの峠」（チュシガンドゥク）が結成され、人民解放軍に激しく抵抗した。「四の川に六つの峠」とは複数の大河

17ヵ条協議調印式

の源流域である東チベットの美称である。

ダライ・ラマは一九五七年に仏陀《ぶっだ》生誕二五〇〇年祭に参加するためにインドに赴いた。このさい、すでに国外に脱出していた二人の兄からインドへの亡命を勧められたものの、拒否し、ふたたびチベットへと帰還した。一九五八年に毛沢東《もうたくとう》が開始した大躍進政策は無残な失敗に終わり中国全土に飢えが蔓延《まんえん》し、中央チベットには東チベットの混乱を逃れてきた難民があふれ、ラサの情勢は日に日に不穏になっていった。

ダライ・ラマのインド亡命

チベット暦の正月は西暦に換算すると一月の終わりから二月にかけての春を迎える季節にあたる。正月の期間、ラサの街の支配権は本来の主権者である僧侶の手に戻され、ラサの釈迦堂では大祈願会が、南広場ではチベットの仏教哲学(顕教)の最高学位(ゲシェ・ラランパ)を認定するための御前試験が開催される。とくにハイライトとなる正月十五日の満月の日には、ダライ・ラマが釈迦の前世譚(ジャータカ)を題材にとった講義を大衆に向けて行い、政府や各僧院は小麦粉とバターを練って作った極彩色の仏様への供物(トルマ)を作製し、釈迦堂を巡る巡礼路に並べ互いの出来を競いあう。このトルマをダライ・ラマが鑑賞するさい、ダライ・ラマを一目見ようと巡礼がおしよせるため、露払いの僧侶は鞭をふるって人波を分けねばならなかった。

一九五九年のチベット暦正月は、ラサはいつにもまして騒がしいものであった。東チベットからおしよせる難民たちが町にあふれ、人々が見守るなか、ダライ・ラマ十四世は最高学位であるゲシェ・ラランパ号の試験に無事に合格した。試験を終えたダライ・ラマがノルブリンカ離宮に戻ると中国軍営から観劇の招待がきた。この種の招待は以前からあったものの、学位試験を理由に断ってきたため、ダライ・ラマは三月十日に行くと答えた。しかし、前日の三月九日に中国軍から「儀仗兵《ぎじょうへい》をつけずにくるように」という通達が突然なされた。「儀仗兵なし」とはダライ・ラマの身の安全が保証されないばかりか、その権威をあからさまに否定する意味もあった。伝統的にダライ・ラマが、ノルブリンカ宮等に外出するさいには、人の担ぐ輿《こし》に乗り、前後に儀仗兵や側近の行列を従え、チベット人は道の両側にカター（拝礼のさいに捧げる白いスカーフ状の布）や香華を捧げて居並び、頭を垂れて見送ることが常であった。つまり、中国側の通達は、ダライ・ラマに身の危険をもたらすと同時に、その聖性を無視する明白な意図があった。ラサの市民の間にはダライ・ラマが中国に拉致《らち》される、あるいは暗殺されるという噂が速やかに広がった。

結果、三月十日の観劇予定日には、ダライ・ラマの滞在するノルブリンカ離宮のまわりにはラサの市民が集結し、中国軍営からの車はブロックされた。ダライ・ラマとの直接接触の道を断たれた中国軍は殺気立ち、周辺に配置していた大砲をラサに集めて市民に向けた。

離宮を囲む民衆と中国軍の関係は日に日に緊張し、「チベット人は自分を護るためには最後の一人になっても戦う」ことを知っていたダライ・ラマは、自分が消えることによって両者の衝突を回避しようと亡命を決意した。

三月十七日未明、若い兵士に変装したダライ・ラマは左手にペルテン・ラモ女尊（吉祥《きっしょう》天女《てんにょ》）の仏画をもち、密かにノルブリンカの門を出た。この仏画はダライ・ラマ二世の時代から受け継がれてきた「お告げの女尊」である。ダライ・ラマの家族、チベット政府の高官たちもそれぞれ小集団に分かれて、宮門を出て離宮のまわりにピケをはった民衆の中にまぎれこんだ。

ダライ・ラマがラサを離れた三日後の三月二十日、中国軍とチベット人はついに衝突し、中国は「反乱」に加担したチベット政府の官僚、貴族、僧侶を殺害・逮捕・監禁した。のちに亡命チベット社会では、一般市民がダライ・ラマを護るために立ち上がった三月十日を「チベット蜂起《ほうき》記念日」（Tibetan Uprising Day）と名付けて祝日とし、中国によるチベット支配の不当性を告発する日とした。後年、一九八九年、二〇〇八年と二回にわたって起きた大規模なチベット人の蜂起は、いずれも三月十日の蜂起記念日前後に始まっている。そのため、中国政府はチベット人のナショナリズムが高まるチベット暦の正月前後には僧院の周りに武装警察を配置するなどして威圧し、チベット人が正月を祝うことを禁じている。

チベットを見捨てたネール

チベットとインドの間にはヒマラヤ山脈が横断しており、これを越えられる峠は限られている。ラサからインドに向かうには、西に向かいチベット第三の都市ギャンツェから南下してトモで国境を越え、シッキムに向かうルートが最短である。しかしこのルートは中国軍に監視されていたため、ダライ・ラマ一行はカムパ・ゲリラの護衛を受けつつ道を東にとり、ゲリラの制圧下にあるブータンとタワン地区（インドのアルナーチャル・プラデーシュ州）の北の山々を越えて南下する道を選んだ。ダライ・ラマはインド国境近くのルンツェ＝ゾン（ゾンとはチベット政府が直轄する要塞）に至ると、一七ヵ条協議の破棄を宣言し、臨時政府を設立した。

三月二十八日、周恩来《しゅうおんらい》首相は国務院命令を発し、ダライ・ラマが「誘拐・監禁」されたこと、一七ヵ条協議を破棄してチベット地方政府を解散させ、チベット自治区準備委員会にチベット地方政府の職権を移行させることを宣言した。つまり、中国が社会改革を強制しないと約した一七ヵ条協議は締結を強制した中国自身によって反故《ほご》にされたのである。三月二十九日、ダライ・ラマは国境を越える許可をインド政府に求めた。このとき、ダライ・ラマ

インドに向かうダライ・ラマ14世（写真・Universal Images Group/アフロ）

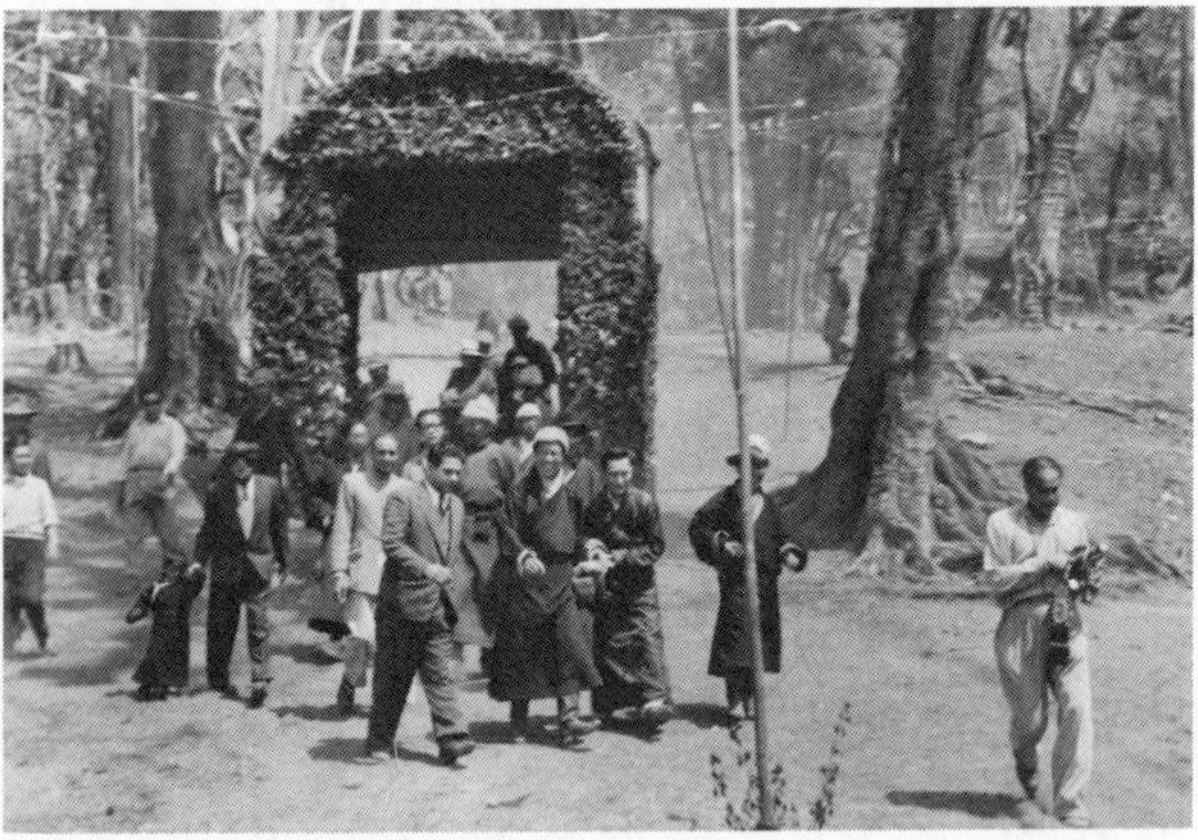

インドに到着したダライ・ラマ14世（写真・ダライ・ラマ法王日本代表部事務所）

が通過したタワン地区は現在も、インドの実効支配下にありつつも中国が領有を主張する紛争地域となった。

ラサのチベット人蜂起とダライ・ラマのラサ脱出の報《しら》せが世界に伝わると、欧米のジャーナリストはインドのカリンポンに集結し「神王」ダライ・ラマの到着を待った。しかし、「神王」は前述したような経路を通っていたために、ダライ・ラマの第一声は、四月十八日にアッサム州の鉄道駅テズプールから文書で発表された。この「テズプール声明」の冒頭では「チベット人はつねに中国の漢人たちとは異なるものとみなされてきた。チベット人の側にはつねに独立の強い意志がある。歴史的にいってもさまざまな出来事においてこの点を主張してきた。ときに中国政府はチベットに宗主権をおしつけてきた。そしてときにはチベットは独立国として機能していた。いずれにしても、中国の宗主権がおしつけられてきたときでさえ、チベットはその内政においては自治を有していた」と、チベットが歴史的に中国と異なる国であったことを繰り返し強調し、中国がチベットにおいて現在進行形で行っている人権侵害を九項目にわたって列挙した。

ダライ・ラマがテズプール声明を対面ではなく文書で発表したのは「中国政府がチベットで起きていることを知れば状況が改善するのではないか」というわずかな希望をもっていたためであった。しかし、二日後、中国政府は声明の内容を「ダライ・ラマの言葉ではない」

と否定したため、六月二十日、ダライ・ラマは改めてムズリー（インドのウッタラーカンド州）において記者の前に立ち、中国の残虐行為を列挙し、国際的な調査団をチベットに入れるよう要請した。

一方、インドの初代首相ジャワハルラル・ネールはチベット難民の受け入れには尽力したものの、外交的にはチベットに冷淡であった。その理由は遡ること五年前の一九五四年四月二十九日、北京を訪問したネールが中国との間で締結した「中国のチベット地方とインド間の通商交通に関する中印協定」にあった。この協定ではチベットは中国の内政問題として扱われ、その前文には、領土保全、相互不侵略、内政問題不干渉、平等と互恵、和平共存という有名な「平和五原則」が謳われていたため、「内政問題不干渉」に基づき、ネールはチベット亡命政府の承認を拒んだのである。

さらに、一九五九年と一九六一年の二度にわたり国連総会でチベット問題に関する決議案が採択されたさいにも、インドは棄権票を投じた。しかし、一九六二年に中国がインドの国境を侵犯して、平和共存五原則の「相互不侵略」を反故にすると、一九六五年に国連に提出されたチベット問題に関する動議の決議にさいしてようやくインドは賛成にまわった（国連総会決議二〇七九）。このような経緯からチベット人の多くは、インド独立の父であるガンディーを「ダライ・ラマにチベット独立のための非暴力の戦いの霊感を与えた偉人」と賞賛する一方、ネールについては「チベットを中国に売り渡した張本人」「ガンディーの出来の悪い弟子」と酷評する。

ダライ・ラマのインド亡命の報が伝わると、大量のチベット人が雪崩を打ってネパール、シッキム、ブータンを経由してインドに向かった。難民たちの中には中国が階級敵層として迫害したチベット政府の高官や僧侶はむろんのこと、文字の読めない農民や牧民も含まれていた。このことは、中国が「解放」しようとした人々も中国軍を歓迎していなかったことを示している。

中国政府のプロパガンダの変遷

ダライ・ラマの国外脱出に伴い、中国はチベット占領のプロパガンダを旧来の「帝国主義からの解放」から「封建領主から農奴を解放する」へと変更した。中国は難民流出をとめようと、僧院や政府の所有していた土地や財産を没収して「農奴」に分け与え、チベット人の慰撫《いぶ》に努めた。しかし、そもそもチベットにはマルクスがいう「農奴」は存在したのであろうか。中国は「ミセー」(mi ser) というチベット語を「農奴」の原語としたが、人口希薄なチベットはつねに小作人の不足に苦しんでおり、待遇の悪い雇用主のもとからミセーはすぐに逃亡した。また、ラサに出て飲食業に従事するミセーもおり、移動や身の処し方の自由のない農奴の定義からははずれる。

中国政府はチベットの子供たちを中国本土に送り社会主義教育を施したのち、「幹部」として故郷に戻し社会改革を主導させた。子供を差し出すことを拒んだチベット人は「再教育」のために収容所に送られた。ダライ・ラマの侍医を含む多くのチベット人が収容所に入れられたが、侍医は「収容所の中も外も、飢えが蔓延し、中国が支配しているので、牢獄《ろうごく》の内も外も大して変わりはなかった」と証言している。

このような状況にあって、僧侶も含めた少なからぬチベット人がゲリラに身を投じて人民解放軍と戦った。チベット人は「命あるものは始まりのない昔から無限回の輪廻転生を行っており、その結果すべての生き物は前世の母であった」と考え、蚊や蠅《はえ》であっても前世の母として意図的に殺すことはない。そのようなチベット人が銃をとったのであるから、どれほどの状況であったのか察するに余りあろう。とくに、ゲリラになった僧侶は、仏教を修行しその価値もわかっているのに破戒をしたということで、常人よりも罪は重いとされ、生き残っても僧院に戻ることはできず、七回地獄に落ちることを覚悟しての参加であった。

転生僧であったダライ・ラマの長兄はＣＩＡと協力してチベット・ゲリラの訓練を行っていたが、ゲリラが解散した後は、アメリカの大学で教鞭をとるなどして俗人として過ごした。

一方、ダライ・ラマの武装闘争に対する姿勢は一貫していて、「寛容を学ぶことの方が、石を拾い、怒りの対象にぶつけるよりははるかに有益である。自分と他者に対して善いことをできる最大の可能性があるのは、この最悪の状態のときなのだ」と非暴力をつらぬく立場をとった。

一九七二年、アメリカが中国と国交を結ぶと、一九七九年にはチベット・ゲリラへの支援は打ち切られ、ダライ・ラマ十四世は当時ムスタン（現ネパール・ガンダキ州）を基地としていたチベット・ゲリラに武装解除を呼びかけた。ゲリラのあるものは自決し、あるものは難民社会に戻った。

文化大革命によるチベット文化の消滅

ダライ・ラマが不在となったチベットにおいて、中国はチベット人の人心をまとめるために、パンチェン・ラマ十世をチベット自治区準備委員会の長に据えた。歴代パンチェン・ラマは政治権力とは無縁であったが、ダライ・ラマより年長の場合には、ダライ・ラマに授戒し教育を授ける立場となるため、ゲルク派においてはナンバーツーの権威となっていた。そのため、歴史的にチベット支配を意図した外国勢力はダライ・ラマが意のままにならないことに気づくと、パンチェン・ラマを担ぎ出すという構図を繰り返してきた。一九〇四年にラサに侵攻したイギリスも、一九〇九年にラサに侵攻した清朝軍も、彼らの手からすりぬけていったダライ・ラマに代わって、パンチェン・ラマ九世をチベットの支配者の座に据えようとした。そしてパンチェン・ラマ九世はその申し出を固辞し続けた。

パンチェン・ラマ十世と中国の関係は九世のときよりさらに複雑であった。話はダライ・ラマ十三世の時代に遡る。ダライ・ラマ十三世が一九一三年にラサに帰還し、チベットの近代化政策を打ち出したとき、その財源として僧院にも課税が行われ、大地主であるパンチェン・ラマ九世にも税が課された。それに反発したパンチェン・ラマ九世は「布施を集めに行く」と称して、一九二三年末に密かにチベットを離れてモンゴルに行き、中国内地を転々とした後、チベットに戻ることなくアムドで没した。

パンチェン・ラマ十世は九世の側近によって探索・認定されたものの、チベット政府からの公式認定も、チベットへの帰還許可も得られなかったため、アムドにとどまるしかなかった。チベット政府は国民党政府の認定を受けたパンチェン・ラマが、中国軍を伴って中央チベットに帰還することを恐れていたのである。

アムドで立往生していたパンチェン・ラマ十世がようやく中央チベットの土を踏むことが叶ったのは、一九五二年、人民解放軍のラサ進駐の後であった。このような経緯により、ダライ・ラマ十四世がインドに亡命した後も、パンチェン・ラマ十世はチベット本土に残ったのである。

パンチェン・ラマ十世はしかし中国の傀儡に甘んじることはなく、一九六二年に中国共産党のチベット統治を批判する「七万言の書」を提出し当局の怒りをかって失脚した。

一九六六年から始まった文化大革命はチベットを完膚なきまでに破壊した。文化大革命はチベットに限らず中国全土に及んでいたとチベットの被害を矮小《わいしょう》化《か》する人もいるが、仏教をアイデンティティとするチベット人が受けた被害は、漢人のそれをはるかに上回るものであった。紅衛兵たちは「民族問題は階級問題である」というスローガンのもとにチベット語の使用、民族衣装の着用を禁止し、チベット文化の中心であった僧院を破壊し、僧尼に還俗を強制するなど根こそぎチベット人性を否定したからである。仏像の宝石は剥《は》がされ、金銅仏は鋳つぶされ、僧坊は破壊され、残された建物も革命司令部などに転用された。道路のぬかるみの上に経典をしいて車をとおすなどしたため、チベット人は経典を踏めず、外を歩くこともままならなくなった。

文革で破壊された寺　ラサ近郊（撮影・著者）

研究者は文化大革命期におけるチベット文化の破壊を一九五九年から続く中国の一連のチベット弾圧政策の延長線上に位置づけている。

第二節　難民社会の苦闘と欧米の支援

ダライ・ラマは一九五九年九月二十八日にチベット仏教の各宗派の指導者を招集し、亡国の局面においていかにしてチベット仏教の伝統を維持するかを議論した。亡国の危機意識が宗派を超えたコミュニケーションを実現させたのである。翌一九六〇年五月に亡命チベット政権は北インドのヒマーチャル・プラデーシュ州のダラムサラにうつった。

インド政府がチベット問題に眼をつぶって手に入れたはずの平和は、一九六二年の中国によって国境侵犯によって破られた。インド政府はヒマラヤ山中に防衛線をはることを余儀なくされ、軍用道路の建設や国境防衛には高地に強いチベット難民が送り込まれた。

この状況下で親が道路建設作業員になったり、ゲリラに身を投じたりして、庇護を受けられなくなったチベット人の子供たちが大量に発生した。皇室のないチベットではダライ・ラマの兄弟姉妹がそれに近い役割を担って人々の慰撫にあたる。ダライ・ラマの姉ツェリンドルマ（一九一九―六四）は、このような子供たちをダラムサラに集め、チベットの女性たちを動員して世話をさせた。これがのちの全寮制の私立校チベット子供村（Tibetan Children's Village）の始まりである。ツェリンドルマは「チベットの母」と呼ばれ、ツェリンドルマの死後はその妹ジェツンペマ（一九四〇—）が「母」の座を引き継いだ。

ダライ・ラマは僧院社会の再建と、俗人への近代教育にまず取り組んだ。インドにたどり着いた僧侶たちは出身僧院ごとに固めて住まわされ、ゲルク派においては、二大密教僧院（ギュトとギュメ）の僧と各僧院に属する密教僧は、ヒマーチャル・プラデーシュ州のダルハウジーに送られ、ガンデン大僧院をはじめとする顕教の三大僧院の僧侶は、ブータン国境に近いバクサに送られた。バクサで難民のすみかとなったのは英領インド時代の収容所の建物であった。

僧院社会の再建

伝統的な僧院社会では、伝法は学堂や地域寮ごとに行われ、自分が学びたい法を伝える師が所属する僧院にいない場合には、他の僧院、場合によっては他宗派の門戸を叩《たた》いて、法を求めた。しかし、バクサ・キャンプでは三大僧院の僧侶たちがすべて一ヵ所につめこまれ、さらに、僧侶たちの間には仏法が絶えるという危機感が共有されていたことから、高僧たちは学堂や地域寮の派閥に関係なく若い僧侶に法を授け、弟子たちも真剣に修行や研究を行った。そうするうちにも、インドの暑さと口に合わない料理により老僧たちは次々と体調を崩し世を去っていった。

着の身着のままで国境を越えた僧侶たちは最低限のものしか持ち出せなかったため、紙媒体のテクストは絶対的に不足していた。このようなときにゲルク派の教育システムは強さを発揮する。ゲルク派の僧院では弟子はまず基本的なテクストを暗唱することが義務づけられ、しかるべきのちに師から解釈を学び、毎日のディベートによって内容に対する理解を深化させていく。つまり、高僧クラスになると基本的なテクストの内容とその解釈がすべて頭に入っているため、僧院という建物を失っても、経典がなくとも人が残っていれば伝法を行うことが可能だったのである。僧たちは収容所の周辺でとれる石から石版を作り、それぞれが暗唱しているテクストの内容を石版に刻んで印刷した。

ディベートする僧侶　デプン・ゴマン学堂（カルナタカ州ムンドゥゴット）（撮影・著者）

亡国の年に九十六代ガンデン座主であったトゥプテン・クンガーは、一九六四年にラサの監獄で亡くなった。本土チベットのガンデン大僧院は徹底的に破壊され、開祖ツォンカパの遺体を納めた仏塔は暴かれ、燃やされた。近辺の村に住むチベット人は夜になってから遺灰を集めて秘匿した。

ガンデン座主が空位になったことを受けて、一九六五年にダライ・ラマの上級個人教師であるリン＝リンポチェ（一九〇三―八三）がインドのブッダガヤで、九十七代ガンデン座主に即位した。ダライ・ラマ十四世は師のリン＝リンポチェの長寿を願い、ガンデン座主から任期をはずし、次期ガンデン座主の地位であるシャルツェ法王とチャンツェ法王の座もあえて空位にした。ブッダガヤではこの後もダライ・ラマによって定期的に大灌頂や法要が行われ、チベット人にとって特別な聖地となっている（一九八三年にリン＝リンポチェが亡くなった後には二法王の座も、ガンデン座主の任期も復活した）。

チベットが失われた時期は、折しも欧米においてヴェトナム反戦運動の全盛期であった。若者たちは主流文化に反旗を翻し東洋思想を対抗文化（カウンター・カルチャー）と考え、インドやチベットを旅しつつ自分の〝導師《グル》〟を探していた。チベット僧たちは難民キャンプに現れたこのような欧米人のヒッピーたちに対しても法を説くこととなった。

この時期バクサを訪ねた外国人の一人にロシア系アメリカ人のジーナ・ラチェフスキー

（一九三〇―七三）がいる。ジーナは一九六五年にバクサ難民収容所においてセラ大僧院のラマ・イェーシェー（一九三五―八四）と出会い、その教えに感銘を受け、一九六九年にラマ・イェーシェーを導師に据えて、カトマンドゥ郊外のコパンの丘に欧米人向けの瞑想場を建てた。ラマ・イェーシェーはこの寺を根拠地としてチベット仏教の哲学と実修を英語で発信し、一九七五年に各国の修行センターを結ぶ世界的なネットワーク、大乗仏教保護財団（FPMT）を稼働させた。

チベット仏教は世界中に伝わりはじめていた。

居留地でのチベット文化の維持

チベット難民たちの多くは現実を受け入れることができず、帰国の望みを棄《す》てられずに、固定家屋を作ることを嫌いバラックに固執した。しかし、ダライ・ラマはより現実的であり、インド政府と交渉して南インドのカルナタカ州の土地を借り上げ、チベット人居留地の建設に取りかかった。

居留地の中心には僧院と学校と市民ホールが建てられ、居留地内の僧院では僧侶はチベットにいたときと同じように伝統的な教育システムの中で師から仏教を学び、実践に励み、俗人もチベットにいたときと同じように、朝夕僧院や仏塔のまわりを巡礼し、僧侶の法話を聞くことができた。居留地内ではチベット語のみで生活できるため、外国語を学ぶには遅すぎる老難民たちも安心して生活できた。

一九七〇年代の初頭、ガンデン大僧院とデプン大僧院はムンドゥゴットの居留地に、ギュメ大僧院（下密教学堂）はフンスールの居留地に、セラ大僧院とタシルンポ大僧院はフンスールにほど近いバイラクッペの居留地にそれぞれ再建された。以上はいずれもカルナタカ州であるが、ギュト大僧院（上密教学堂）とダライ・ラマの主宰する法会の準備を行うナムゲル僧院のみ、ダライ・ラマのお膝元ヒマーチャル・プラデーシュ州のダラムサラに再建された。同様に、ニンマ派、カギュ派、サキャ派などのチベット仏教の諸宗派もその本山をインドやネパールのチベット人居留地内に再建していった。

ギュメ大僧院　カルナタカ州フンスール（撮影・著者）

居留地のもう一方の核である学校は、亡命チベット政府の経営する公立学校と国際支援団体によって運営される私立学校の二種類からなる。チベット難民たちがインドや海外でも仕事が得られるように、英語とヒンドゥー語が教えられ、近代教育も身につけることができた。亡命当初には露天に黒板を据えただけだった簡素な学校も、現在は各地に校舎や寮が整備され、すべての難民の子供たちは十五歳まで無料で教育を受けられるようになっている。

居留地内には仕事がないため、難民の子供たちは学校を卒業した後は居留地を出て、ツテをたどってカナダやアメリカやヨーロッパへと移住する。そこに定住すれば彼らの子供は、チベット人性を失っていく。ニューヨークのジャクソンハイツにはとくに大きなチベット難民コミュニティがあるが、難民二世三世はすっかりニューヨーカーとなっており冠婚葬祭で伝統的な踊りを踊るのも高齢世代のみとなっている。

移住先でのチベット人性の維持の困難さについて、チベット人の複雑な心境の一端がかいまみえたエピソードがある。ダライ・ラマ十四世が来日したとき、日本にいるチベット人の若者たちが十四世を一目見ようと滞在先のホテルに集まってきた。若者たちはちょっと見には日本の若者と変わらない姿をしており、その中の一人は髪の毛を金髪に染めていた。ダライ・ラマ十四世がエレベーターを降りると、金髪の子の前でたちどまった。ダライ・ラマは「どんな髪の色をしていてもあなたたちはチベット人だ。チベット人であることに誇りをもちなさい」と言うと、若者たちは感極まって合掌した。

難民社会の民主化

ダライ・ラマは僧侶にはチベット文化の核となる仏教の伝統の維持を命じた一方で、俗人には民主化を受け入れるというドラスティックな変化を求めた。一九六三年三月十日のチベット蜂起記念日に世界人権宣言に則ったチベット憲法を発布し、冒頭でチベットが民主制の国家に移行することを宣言した。ダライ・ラマが民主化を急いだのは、チベット社会の長期的な存続を見据えてのことである。

旧チベットでは政治・宗教の権力すべてがダライ・ラマに集中していたため、ダライ・ラマが老いたり死去したりすると、次のダライ・ラマが執政可能な年齢となるまで二〇年近い権力の空白が生じ、この間重要な決定は先送りされた。チベットが中国共産党の侵攻を許した原因の一つに、ダライ・ラマ十三世が遷化し、十四世が執政可能年齢になるまでの間、摂政政治が共産主義の台頭を座視していたことをあげる者は多い。

ましてや亡国の局面において、ダライ・ラマに万一何かあった場合、チベットは計り知れないダメージを受ける。しかし、チベットの社会が民主化されていれば、ダライ・ラマの存在の有無にかかわらず、チベット人は自らの指導者を選んで社会を回すことができる。そう考えた上でのダライ・ラマの決断であったが、チベット人は国を失った上、観音菩薩の庇護を失うことに耐えられず、ダライ・ラマを慰留した。結局、三度の引退宣言と国民の懇願による取り消しの後、ダライ・ラマが政治の長の権力を民主的に選ばれた首相に委譲したのは二〇一一年になってのことであった。

ダラムサラには難民社会を運営するための省庁に加えて、チベット文化の伝統を維持するためのさまざまな組織が設立された。一例をあげると、チベット語文献の保存・出版・啓蒙《けいもう》にあたるチベット文書館（LTWA）、チベットの伝統的な歌舞演劇を教授し後世に伝えるチベット舞台芸術研究所（TIPA）、チベット暦を発行しチベットの伝統医学に基づく医療を施すチベット医学・暦学院（TMAI）などである。

一瞬の宥和政策

毛沢東が死去し文化大革命が終結したのちも、チベットの状況は改善しなかった。ようやく一九七九年になって鄧小平《とうしょうへい》はダライ・ラマの次兄ギャロ・トンドゥプを中国に招き、「（チベットの）完全独立以外ならすべての問題は議論されうる」と述べ、難民たちに帰国を呼びかけた。それに応えて亡命政権からはチベットの現状を視察するべく使節団が派遣された。調査団の訪中は秘せられていたにもかかわらず、彼らの行く先々にはチベット人がつめかけ、泣きながらこの二〇年の間に彼らの身の上にふりかかった不幸を話したため、調査団員は絶句した。一方、中国政府は二〇年にわたる統治の後もチベット人のダライ・ラマに対する敬意は失われていないこと、中国の「解放」はチベット人に感謝されていないことに気づかざるを得なかった。

一九八〇年五月に胡耀邦《こようほう》総書記はチベットを訪問し、その惨状を目の当たりにするに及んでチベット政策の過ちを認めた。胡耀邦は文革官僚を内地へ引き上げさせ、免税を行い、破壊された僧院の再建を許可した。空を覆う厚い雲がきれ、一瞬の光が差し込んだかのようなこの宥和《ゆうわ》政策の間に、亡命政権から本土チベットへはダライ・ラマの親族らによって構成された第二次、第三次調査団が派遣された。

一九八七年九月二十一日、ダライ・ラマはアメリカ議会下院の人権問題小委員会において「平和に関する五項目の提案」を発表した。それは、チベットは独立国であるが、中国がチベットに実質的な自治を認めるのであれば、独立要求を取り下げるという主旨であった。以下がその五項目である。

（一）チベット全土（現在中国内地となっている東チベット地域も含む）を非武装平和地帯にする。

（二）民族としてのチベット人の存在を脅かす中国人の移住政策を廃止する。

1987年の抗議デモ　中央に立つ僧ジャンパ・テンジンはこの後消息不明となった（撮影・John Ackerly）

（三）チベット人の基本的人権ならびに民主的自由を尊重する。

（四）チベットの自然環境の回復と保護、ならびに、核兵器生産にチベットを利用することをやめ、核廃棄物の処理場とすることを禁止する。

（五）チベットの将来について、ならびにチベットと中国国民との関係について真剣な対話を開始する。

ダライ・ラマがこの提案を行った六日後、ラサにおいてチベット独立を叫ぶデモが勃発した。これは中国が情報を統制しているにもかかわらず、本土チベット人は国外のダライ・ラマの動静に敏感に反応したことを示していた。翌十月、さらに、一九八八年の三月五日と立て続けにデモは起き、中国政府がデモに対して行う弾圧はチベットを国際ニュースの一面に押し上げた。

中国政府は逮捕者を「背後に外国勢力がいる分離主義者」と非難し、すべての問題を外の原因（ダライ・ラマ）に帰するプロパガンダを繰り返したが、趙紫陽《ちょうしよう》や伍精華《ごせいか》は、デモの原因が中国によるチベット政策の誤りにあることを認めていた。一九八八年十二月、チベットに対して宥和的であった伍精華が退場し、代わって胡錦濤《こきんとう》がチベット自治区のトップにつき、さらに一九八九年一月、本土チベット人の心のよりどころとなっていたパンチェン・ラマ十世が急逝したことにより、チベット人と中国政府のかけはしとなるべき人物が政治の舞台から消えた。

ノーベル平和賞を受賞するダライ・ラマ14世（写真・ダライ・ラマ法王日本代表部事務所）

一九八九年三月五日、チベット蜂起記念日を前に、前年の蜂起において逮捕された人々の家族が、釈放を求めてデモを起こした。これを受けて胡錦濤は、一九八二年制定の新憲法下ではじめての戒厳令をチベットに発令した。その約一ヵ月後、四月十五日に胡耀邦が死去し、その死を悼んだ学生たちが起こした民主化を求めるデモが、六月四日の天安門《てんあんもん》事件につながっていく。

天安門において、戦車と銃で丸腰の学生を制圧した中国政府に対して国際社会は激怒し、この年のノーベル平和賞はダライ・ラマ十四世に授与された。ダライ・ラマは国を奪った中国政府から「僧衣を着た狼《おおかみ》」「悪魔」と罵倒され続けても、一貫してチベット人に自制を求め非暴力を説き続けてきた。この授賞は、ダライ・ラマの非暴力を顕彰することによって、暴力によって人々の口を封じた中国政府を批判する意味があったことは言うまでもない。

ダライ・ラマ十四世の国際的な存在感が増す一方、国際社会から孤立した中国は、民主化の動きに神経をとがらせ、愛国教育を強化し、チベットに対して行われていた宥和政策は二度と行われることはなかった。

第三節　内地化が進むチベット

天安門事件が起きた一九八九年の暮れ、東ドイツ、チェコスロヴァキア、ルーマニアの社会主義政権がドミノ倒しに消滅し、一九九一年にはついにソヴィエト連邦が解体した。一九九二年にチベット自治区のトップについた陳奎元《ちんけいげん》は仏教を弾圧し、中国本土の沿岸部で得られた富をチベット本土に送り、現地経済を内地化する政策に着手した。露骨な同化政策の始まりである。

一九九五年五月十四日、ダライ・ラマ十四世はチベット本土に生まれたゲンドゥン・チューキ・ニマ少年（以下ニマ少年）をパンチェン・ラマ十一世と認定した。その三日後、ニマ少年は中国政府によって拉致され、いずこかへ連れ去られて行方不明となった。十一月二十九日中国国務院は新たに籤引き儀礼を行って共産党員の家に生まれたゲルツェン・ノルブ少年をパンチェン・ラマ十一世として認定した。ちなみに、籤に名前が書かれた候補者の中にニマ少年は入っていなかった。

中国共産党はノルブ少年の教育係としてアキャ＝フトクト八世（ツォンカパの父親の転生者）を指名したが、アキャ＝フトクトはそれを拒否し一九九八年にアメリカに亡命した。亡命後発表した『アジャ・リンポチェ回想録』（*Surviving the Dragon*）では、共産党のチベット支配の実情を赤裸々に語り、ノルブ少年が選ばれたさいの籤引き儀礼においても、籤にあらかじめ細工が施されていたことを暴露している。中国政府の認定したゲルツェン・ノルブはチベット社会では〝偽〟パンチェン・ラマと呼ばれ人気はなく、行方不明となったニマ少年は国際人権団体アムネスティによって「世界最年少の政治犯」に指定されている。さらに二〇〇〇年一月一日、年末の警備のすきを狙って、ゲルワ・カルマパ十七世が本土チベットからインドへ脱出した。中国政府はまたしてもチベット社会をまとめる可能性のある高僧を失ったのである。

同年二月、中国政府は内陸部の経済発展を推進する「西部（内陸地域）大開発」を提唱した。このプロジェクトは当時アメリカの西部開拓に喩《たと》えられていたように、アメリカの場合と同様先住民であるチベット人の文化破壊を前提としていた。六月、西部大開発の一環である「中国西部貧困緩和プロジェクト」に対し欧米で「ダライ・ラマの故郷を開発から護れ」と抗議運動が起き、世界銀行がいったん決まっていた融資を撤回した。中国は激怒し西部大開発を自己資金で行うと宣言した。

二〇〇一年七月、国際オリンピック委員会（IOC）が二〇〇八年の夏季オリンピックの開催地を北京に決定した。この決定を下すにあたって委員会があげた条件の一つに、「チベット問題の対話による解決」が含まれていたが、中国政府はこの「対話」を形骸化させ、オリンピックの開催を漢人ナショナリズムの発揚に用いた。二〇〇六年七月には、ラサと中国内地の間に青海チベット鉄道が敷設され、チベットに中国からの観光客がおしよせた。チベットへの投資は加速し、チベットの現地経済は最後の一撃を受けて消滅した。ビジネスによって成功した少数のチベット人が出たものの、大多数のチベット人は低賃金と物価の上昇と二級市民扱いに苦しんだ。

ラサ駅（撮影・渡部秀樹）

この時期、中国政府による教育を忌避したチベット人の親たちが子供たちをインドのダラムサラに送り込み、ダライ・ラマのもとで教育を受けさせようとする試みが多数行われた。ガイドに導かれた子供たちの旅は、国境警備の手薄となる冬季に徒歩でヒマラヤを越えてネパールにぬけるという苛酷なものであり、子供たちの多くが凍傷によって手足の指を失った。

欧米人によるチベット文化支援

チベットが中国に侵略・占領された直後から、欧米人たちは消滅していくチベット仏教文化を維持・保存しようとさまざまな努力を行ってきた。

チベット研究者のジーン・スミス（一九三六―二〇一〇）はアメリカ議会図書館のニューデリー支所に駐在しながら、亡命チベット社会、シッキム、ブータン、インド、ネパールのチベット人コミュニティから集めたチベット語典籍を復刻する事業を一九六八年に開始した。この出版活動はアメリカの法律

(PL480）に基づいた途上国援助の一環でなされ、アメリカの世界宗教高等研究所が、チベット文献のマイクロフィッシュ化を推進した。一九九七年に議会図書館を退職したジーン・スミスは、一九九九年には友人の仏教学者レオナルド・ファン・デル・カイプ教授らとともに「チベット仏教資料センター」(Tibetan Buddhist Resources Center）を立ち上げ、各地からチベット語の文献を木版・写本・新装本をとわずに収集し、デジタル化して一般に公開する事業を続けている（現BDRC）。BDRCのサイトでは人名や地名を検索すると、人名については生没年、師、弟子、父母、主な事蹟、著作情報が提供され、地名・僧院名については経度・緯度情報、典籍については著作権の問題のないものはダウンロードできるようになっている。つまり現在、世界中にいるチベット難民の僧侶たちと研究者にはチベット仏教の完璧《かんぺき》な研究環境が実現している。

一九八七年にダライ・ラマが五項目の提案を行った直後の十月一日、中国がこの提案に応えなかったときの保険のように、ニューヨークにチベット文化の保存と維持を使命とするチベット・ハウス（Tibet House）が設立された。本組織を立ち上げたのはコロンビア大学で長年にわたりチベット仏教を教授してきたロバート・サーマン、ハリウッド俳優のリチャード・ギア、現代音楽の巨匠フィリップ・グラスの三人であり、運営資金はチベット暦の正月にあわせて毎年カーネギー・ホールで行われるチャリティ・コンサートによってまかなわれている。

一九八九年にダライ・ラマがノーベル平和賞を受賞すると、各国の首脳はダライ・ラマと公式に会見するようになり、一九九一年にはイギリスのチャールズ皇太子、アメリカのブッシュ大統領、イギリスのメージャー首相と立て続けに会見し、ダライ・ラマがワシントンを訪問するさいにアメリカ大統領がホワイトハウスにダライ・ラマを招待することは恒例となった。また、ソ連の崩壊を受けて、ダライ・ラマはロシアの治下にあるカルムキア共和国、ブリヤート共和国などのチベット仏教国も訪問したが、ロシアがその影響力を警戒し、それらの国への入国はすぐに叶わなくなった。

一九九二年にはノーベル賞受賞者を多数含む各界の名士百人が集まり、チベット問題を啓発するためのチベット百人委員会（Committee of 100 for Tibet）を結成した。

エンターテインメントの中のフリー・チベット

さらに一九九四年、人気ミュージシャンのアダム・ヤウク（一九六四―二〇一二）がチベット支援を目的としたミラレパ・ファンドを設立し、一九九六年から二〇〇一年まで、アメリカのサンフランシスコ、ニューヨーク、ワシントン、ウィスコンシンのトロイ、シドニー、東京、アムステルダムなど世界各国でフリーダム・チベタン・コンサートを興行した。コンサート会場にはチベット問題を啓発するブースが設置され、中国の監獄に政治犯として投獄されていたチベット僧が登壇して監獄内で行われていた拷問などについて証言した。

特筆すべきは、一九九七年にダライ・ラマ十四世の人生をテーマにした映画がハリウッドで二作封切られたことである。一つはジャン＝ジャック・アノー監督の『セブン・イヤーズ・イン・チベット』であり、もう一作はマーティン・スコセッシ監督の『クンドゥン』である。前者は第二次世界大戦末期にチベットに入ったオーストリア人ハインリッヒ・ハラーの旅行記をブラッド・ピット主演で映画化したものであり、この映画に主演したことによりブラッド・ピットは中国入国が不可能となった。後者の「クンドゥン」とはチベット語で「猊下《げいか》」を意味する言葉で、ダライ・ラマ十四世の二冊目の自伝『亡命で得た自由』（邦題『ダライ・ラマ自伝』）を映画化したものである。欧米人がイニシアチブをとっているハリウッドのメジャーにおいて、アジアを舞台にし、登場人物がすべてアジア人という映画が制作されるのは極めて異例であり、ハリウッドのチベット愛がよく現れている。この二作に限らず、九〇年代のハリウッド映画には随所に「チベット」や「ダライ・ラマ」という言葉が登場人物の会話中に顔を出し、ダライ・ラマやチベット文化が大衆文化の一部になっていたことがわかる。

一九九八年、アップル・コンピューターの広告「Think different」シリーズにはジョン・

レノンやガンディーと並んでダライ・ラマが登場し、二〇〇三年九月『タイム』誌で、ダライ・ラマが「二十世紀においてもっとも大きな影響を与えたアジア人二〇人」に選ばれた。チベット難民の多く住むニューヨークのマンハッタンには、二〇〇四年十月、チベット美術専門の美術館ルービン・ミュージアム（Rubin Museum）が開館し、I love Tibet ステッカーをはった車が行き来するなど、チベット支援はファッションの域に達していた。

欧米でフリー・チベット運動がここまで盛り上がりをみせたのは、青年期にカウンター・カルチャー運動の中でチベット文化に親しんでいた世代が成長し、社会の中核で活躍している時期と重なったことと無縁ではないだろう。

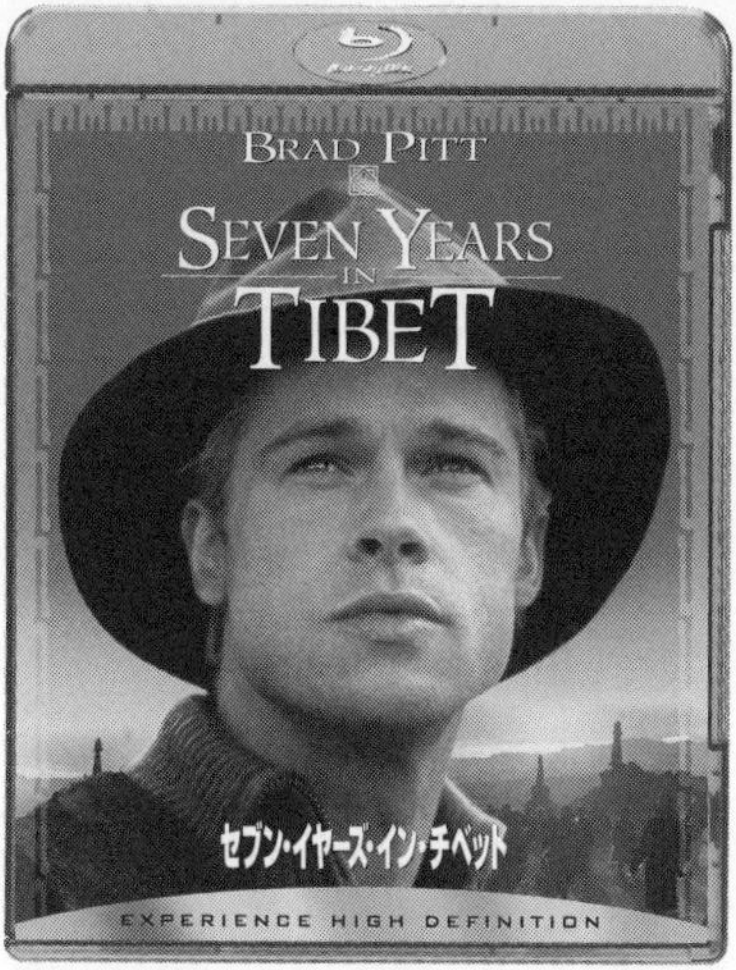

ハリウッドで制作されたダライ・ラマ14世をテーマとする映画『セブン・イヤーズ・イン・チベット』（1997年）
（Blu-ray 2,619円（税込）／DVD 1,551円（税込）発売元・販売元：ソニー・ピクチャーズ エンタテインメント）

二〇〇一年、アメリカで九・一一同時多発テロが起きると、アメリカのリベラル層の関心は中東におけるアメリカの戦争に向かい、さらに、二〇〇一年に中国がWTOへ正式加盟し中国市場が無視できない存在感をもちはじめると、チベット支援の流れは急速に勢いを失っていく。中国での収益を期待するハリウッドはそのスクリーンからはチベットやダライ・ラマの姿を消し、チベット支援を表明した企業も中国のボイコットを受けると「中国人の気持ちを傷つけた」と謝罪し、沈黙するようになった。

北京オリンピックの年の蜂起

北京オリンピックを翌年に控えた二〇〇七年六月には、オーストラリアのハワード首相、九月にはドイツのメルケル首相、十月にはカナダのスティーヴン・ハーパー首相がそれぞれダライ・ラマを自国に招待し、チベット問題について実質的な対話を行うように中国政府に圧力をかけた。とくにアメリカの下院は民間人に与える最高の栄誉であるゴールドメダル(議会名誉黄金賞)をダライ・ラマに授与して歓待した。しかし、中国政府の姿勢は変わらず、「オリンピック開催年こそ、チベット問題を解決する最後のチャンスである」と考えていたチベット人社会には焦燥感が広がっていった。

翌二〇〇八年、チベット蜂起記念日の三月十日にラサの僧侶たちが行った平和的なデモが弾圧されると、三月十四日にこれに抗議した民衆が暴徒化し、それはチベット各地に連鎖していった。中国のチベット侵略以来、三度目となる蜂起は世界中に大きく報道され、アメリ

カやイギリスの首脳は北京オリンピックの開会式のボイコットを議論しはじめた。

同年三月二十四日にギリシアで行われた聖火リレーの採火式には、国境なき記者団のロベール・メナール（一九五三―）が五輪旗を手錠にかたどった旗を掲げて乱入し、中国政府のチベット弾圧に抗議した。さらに、ロンドン（四月六日）、パ

ゴールドメダルを授与されるダライ・ラマ14世（上）とメダル（下）
メダルには「World peace must develop from inner peace. Peace is not just mere absence of violence. Peace is the manifestation of human compassion.（世界平和とは心の平和からうまれたものでなければならない。暴力の不在は平和ではない。平和とは人の慈愛の表れである）」と刻まれている（写真・ダライ・ラマ法王日本代表部事務所）

2008年３回目の蜂起でデモが行われた場所

リ（四月七日）、サンフランシスコ（四月九日）で行われた聖火リレーはチベット問題に抗議する西洋人たちの妨害にあい荒れに荒れ、中国は聖火防衛隊という集団を送り込んで聖火のまわりにスクラムをくんだ（この事件以後、聖火リレーは開催国内以外では禁止されるようになった）。

最終的には各国首脳は八月八日に開催されたオリンピック開会式に出席したため、中国当局は北京オリンピックの成功を内外に誇り、漢人ナショナリズムはいっそう強化された。

中道路線の継続

この間、ダライ・ラマはつねに非暴力を説き、チベット問題については「中道」のスタンスをとってきた。中道とは「中国に併合されてチベットが消滅すること」と「独立を訴えること」という両極の中間を意味し、具体的には「実質的な自治を求めて非暴力運動を行う」ことである。しかし、北京オリンピックの開催時に約束された中国政府とチベット亡命政権の「対話」は二〇〇二年から数えて八回に及んだものの実質的な内容がないまま終わった。そのため二〇〇八年十一月十七日、ダライ・ラマは「自らの中道路線は国際社会からの評価は受けても、中国との対話においてはまったく助けにならなかった」と、亡命者代表会議を招集し、このまま「自治」を訴え続けるか、それとも独立を前面に出すのかについて討議を行わせた。十二月一日に亡命社会が出した結論はそれまでと同じ「自治中道」路線であった。

2008年北京オリンピックの聖火リレーへの抗議活動　パリ（写真・アフロ）

同年十二月十日、世界人権デーにあわせて、劉《りゅう》暁波《ぎょうは》・王力雄《おうりきゆう》らが中国の民主化を訴える〇八憲章を発表し、その第一八条にはチベットの自治を認める連邦制が提唱された。劉暁波は投獄され、二〇一〇年、獄中でノーベル平和賞を受賞したものの二〇一七年に獄死した。同年の『タイム』誌恒例の「世界でもっとも影響力のある一〇〇人」の第一位にはダライ・ラマが選ばれ、二〇〇八年は中国政府に対する国際的な圧力が天安門事件以来の広がりをみせた。

翌二〇〇九年のチベット蜂起記念日にはアメリカ議会下院は「チベット問題を持続的かつ平和的に解決するための多角的な努力を継続する」決議(H. Res. 226)を採択し、二日後の三月十二日に欧州議会は「チベットの真の自治」に向けた対話を再開するように中国に迫った。

このような欧米の動きに対し中国政府は天安門事件のときと同じく強く反発し、チベットに対するしめつけをさらに強化した。ラサの町には監視カメラが多数設置され、スパイ網をはりめぐらせてチベット人を監視下に置き、僧院内に公安を常駐させ、宗教活動にさまざまな制限を課し、文革期のような社会主義教育を僧侶に強制した。さらに、ネパール政府に圧力を加えて国境警備を厳重にしたことから、これまで比較的自由に行われていたヒマラヤを越えた難民社会と本土チベット人の往来も閉ざされた。

焼身抗議

二〇〇八年九月にアメリカに端を発したリーマン・ショックが世界経済に打撃を与え、中国が財政出動によりいちはやく景気を回復させると、人々はふたたび中国の人権問題に沈黙

ダライ・ラマ14世とオバマ大統領の会談　2016年6月15日（提供・Pete Souza/The White House/ZUMA Press／アフロ）

するようになった。二〇〇九年一月に初の黒人大統領となったバラク・オバマは大統領補佐官をダラムサラに公式訪問させるなどチベットに細やかな配慮はみせたものの、同年十一月十七日に北京で行われた米中会談においてはチベット問題を切り出すことはなかった。人権よりも経済を重視する国際社会に対して、チベット人の間には見捨てられたという絶望感が広がり、これが焼身抗議という形の自殺の連鎖を引き起こした。

発端は二〇〇九年二月二十七日、ガパ地方のキルティ僧院において起きたタペという僧侶の焼身抗議であった。これを皮切りに、年齢、職業、性別もさまざまなチベット人が次々と自分の体に火を放ち死んでいった。彼らの多くは今際《いまわ》の際《きわ》に「チベット文化の保護を！ ダライ・ラマのチベットへのご帰還を！」と叫んで事切れた。ダライ・ラマが禁じた後に焼身抗議の実行者は徐々に減っていったが、現時点で確認されている限りでも一五〇人以上のチベット人がこの抗議によって命を落としている。

ダライ・ラマの政界引退

二〇一一年三月十日のチベット蜂起記念日、ダライ・ラマは選挙によって選ばれたロブサン・センゲ首相に難民社会の政治の長の座を引き継ぎ、四〇〇年続いた政教一致のガンデン宮政権は幕を閉じた。一九六〇年代にはダライ・ラマの国王引退を望まなかったチベット人も、ダライ・ラマの高齢化という現実を前に自立を受け入れざるを得なくなったのである。

同年の九月二十四日、ダライ・ラマ十五世の選出に中国政府が介入し、傀儡十五世を立てることを防ぐべく、ダライ・ラマは「転生に関する詔勅」を公布した。これに先立つ四年前の二〇〇七年九月一日、中国政府はチベットで行われる転生者の認定を共産党の管理下に置く第五号令「蔵伝仏教活仏転世管理法」を制定した。これは中国共産党がチベットに出現する転生僧を認定することを定めたもので、実質上、ダライ・ラマ十五世の認定に介入するための法律である。このような法律を無効化するためにも、ダライ・ラマは転生に関するスタンスをはっきりさせる必要があった。本詔勅は冒頭において、転生思想と転生制度が始まった歴史を解説し、私利私欲や政治的な目的に基づいて転生者を選ぶことは仏教を弱体化させること、そもそも、宗教を否定する共産主義者が宗教に介入することの愚を指摘し、最終的にダライ・ラマは自らの転生者の認定は「伝統の通り（ダライ・ラマの財産を管理する）ガンデン宮のスタッフが行う」ことを明言した。

トランプ大統領の対中圧力

「アメリカ・ファースト」を標榜《ひょうぼう》するドナルド・トランプが二〇一七年にアメリカ大統領に就任すると、アメリカの対中強硬姿勢はさらに強まった。二〇一八年十二月十九日、トランプ大統領はアメリカの外交官やメディア関係者がチベット本土に立ち入ることを妨げている中国当局者に対して、米国への入国を制限することを謳った「チベット相互アクセス法」に署名した。また、二〇二〇年一月二十九日にはアメリカの下院において、チベット仏教指導者の継承はチベット仏教コミュニティによってのみ決定されるべき独占的な宗教問題であること、米国領事館がチベットの歴史的首都ラサに設立されるまで、米国に新しい中国領事館を設立してはならないことなどが記載された「チベット政策及び支援法案」（H.R. 4331）を圧倒的多数で可決した。この法案も「転生に関する詔勅」と同じく、中国政府が将来お手盛りのダライ・ラマ十五世を擁立するであろう事態に予防線をはったものである。

前述したように、高僧の転生者を認定するさいに有力な手がかりとなるのが前代の遺言である。この点についてダライ・ラマ十四世は「今の中国においては仏法を広めることはできない、私は目的をもって国外に出たので、中国以外に転生する」と何度も公言しているため、中国政府が内地でいずれかの童子をダライ・ラマ十五世に認定したとしても、そのダライ・ラマが正統なダライ・ラマとして歴史に残る可能性は低い。

継続する中国政府の人権抑圧

北京オリンピックの翌年の二〇〇九年、広東省《カントン》のおもちゃ工場でウイグル人の出稼ぎ労働者が複数の漢族労働者の襲撃を受けて殺害された事件を引き金として、新疆ウイグル自治区の区都ウルムチにおいてウイグル人による暴動が発生した。これを契機に中国政府はチベット人に対して行っていた抑圧をウイグル人に対しても行うようになり、二〇一二年に習近《しゅうきん》平《ぺい》政権が発足すると「ウイグル人たちが過激思想に走らないように、職業訓練を行う」と称して、旧市街に住むウイグル人男性を強制的に収容所に送り込み、漢語教育ならびに、イスラーム教を否定した愛国教育を施している。この収容所の存在は二〇一八年に欧米メディアによって明らかにされ、以来欧米各国が中国の人権状況を指摘するさいの台風の目となっている。

共和党のトランプ政権から民主党のバイデン政権へ交代する直前の二〇二一年一月十九日、ポンペオ米国務長官は中国がウイグル族などイスラーム教徒の少数民族に対し「ジェノサイド（民族大量虐殺）」を犯したと認定し、こと対中圧力については超党派で協力しあうアメリカはバイデン政権になってもこの見解を引き継いでいる。

中国政府は一国二制度を約束した香港《ホンコン》に対しても弾圧を続け、同年六月三十日制定した香港特別行政区国家安全維持法は、香港の民主主義勢力を事実上壊滅させた。中国政府による人権侵害は現在進行形でウイグル、内モンゴル、香港にも拡大し続けている。

終章　現代の神話、ダライ・ラマ十四世

仏教では、もっとも修行の進んだ菩薩（十地の菩薩）は仏と同じ能力をもつため、自ら死期を決めることも、転生先をコントロールすることもできると説く。そのため、チベット人は歴代ダライ・ラマの死や再生からさまざまなメッセージを読み取ってきた。

一九三二年にダライ・ラマ十三世は共産主義の脅威を警告した「予言」あるいは「遺書」と呼ばれるものを記して、急逝した。その後、一九五〇年に人民解放軍がチベットに侵攻したことを受けてダライ・ラマ十四世が摂政から政治の長の座を譲り受けたとき、十四世は十五歳になっていた。これは大人の仕事を始めることのできるぎりぎりの年齢であろう。

そして、一九五九年にインドへの亡命を決意したとき、彼は二十四歳で仏教博士（ゲシェ）の学位を得た直後であった。つまり、ダライ・ラマ十四世はチベットで伝統的な教育を受けることのできた最後のダライ・ラマなのである（直後に亡国の混乱の中で僧院の教育シス

テムが崩壊した)。

ダライ・ラマは一難民になったあと、難民チベット人の生活を支えるだけでなく、世界中の困難な状況にある人々への支援を行い、科学者と対話し、世界平和、環境問題、宗教間の宥和などについても率先して発言・行動してきた。この一つ一つでも大変な活動を、ダライ・ラマは文字通り明るく笑いながらこなしてきたのである。

ダライ・ラマは自伝の中で苛酷な状況の中でも心の安定を保つことのできた理由として、仏教教育を受けていたことをあげている。もしダライ・ラマが仏教の学位をとる前に亡国の時がきていたら、未熟なダライ・ラマはチベット人を導くことは難しかったかもしれず、ましてや世界の人々に感銘を与えることはできなかったかもしれない。また、もしダライ・ラマ十三世が長命で人生の最後に亡国の時が到来していたなら、亡国の民を率いる体力はなかったかもしれない。ダライ・ラマ十三世の「遺言」の予言性とこの不思議な年齢のめぐりあわせは、チベット人に「ダライ・ラマ十三世は来たるべき亡国の時を正確に予知していたため、亡国の時が至ったとき迷えるチベット人を若く強壮な男として導くために、自らの死期を早めた」という神話を紡がせた。

ダライ・ラマ十四世は亡命後ごく初期のうちから、現在我々の世界が直面している貧困問題、環境問題、戦争などについて先見的な提言を行ってきた。要約すると、「世界が直面しているこれらの問題は、すべて我々人間が物質的な発展を求めて、自分、自分、とエゴを追求したことから生じたものである。物質的な発展は人々に一瞬の快楽はもたらしても長期的な幸福はもたらさない。この世界は依存しあって成立しているので世界の一部で起きたこともすぐに全体に影響する。我々は何かを行うとき自分のエゴに対してではなく、全体に対しても責任をもたねばならない」と「普遍的責任感」（universal responsibility）をもつべきことを説いた。これは仏教の四聖諦《ししょうたい》や縁起《えんぎ》思想を現代の問題に適用してわかりやすく説明したものであるが、現在SDGsといわれていることを先取りしていることに驚かされる。

ノーベル賞受賞後、自称「ホームレスの一難民」ダライ・ラマはその知名度を利用して人類の直面する諸問題に精力的に取り組んできた。具体的にその一端を述べれば、ノーベル平和賞受賞者リーグに加わり、ミャンマー国軍によって軟禁状態にあったアウンサン・スーチーの解放を求め、ゴルバチョフが主催した広島の平和会議に参加し、災害が起きればその国に千万単位の寄付をし、宗教者会議では各宗教間の宥和を説き、環境問題についてはイギリスのチャールズ三世国王が主催する熱帯雨林保護プロジェクトに参加し、環境活動家グレタ・トゥーンベリとの対談を行うことを通じて環境保護へのコミットメントを行うなど、文字通り八面六臂の活躍をしてきたのである。

難民社会の運営だけでも大変なことであるのに、全人類の問題にむきあうこのダライ・ラマの姿に、仏教徒に限らず世界中の知識人、セレブ、そして普通の人々が心を動かされてきた。

ダライ・ラマの超人的な活躍の背景にはダライ・ラマも言うように幼少期より受けてきた仏教の教育、とくに菩薩としてのアイデンティティがあることは明らかであろう。それは一九八九年十二月十日にオスロ大学で行われたノーベル平和賞記念スピーチの最後に、ダライ・ラマが会場の人々に呼びかけてともに捧げた以下の短い祈りから知ることができる。

世界が存在する限り
命あるものが存在する限り
私も輪廻の中にとどまって
有情の苦しみを滅することができますように。

この祈りはチベットの僧が日常的に唱える菩薩の祈りであり、ダライ・ラマにとっては、太古の昔、観音菩薩が「すべての人々を苦しみから救うまでは自分の幸せを求めない」、と誓ったことの日々の確認でもある。

かつて、赤い丘の上からチベット人を見下ろしていた観音菩薩のまなざしは、歴史の推移とともにモンゴル人、満洲人へと広がり、現在は人類全体にまで向いている。お気づきかと思うが、本書で述べた歴史はチベット一国史にとどまらず、モンゴル史、清朝史、現在では世界の歴史と複雑にからみあっている。チベット史がここまで広大な地域に影響を及ぼすことになった理由の一つには、チベット仏教思想のもつ普遍性があることは疑いない。

チベット仏教が生み出す人格者たちの言葉は、さまざまな問題を抱えた現代社会に対して福音となっている。かつてリチャード・ギアが「チベット人を救うことは、我々人類の未来の可能性を救うことだ」とくしくも述べたように、チベット仏教思想は崩壊しつつある現代社会に必要とされている。

チベットの僧院社会が堕落せずに、ダライ・ラマ十五世をふたたび十四世のような聖者に育てあげ、さらに多くの人格者や哲学者を生み出し、世界の問題に対して人類に意識の変化を説き続けることができれば、おそらく「チベット」は国として存在するしないにかかわらず、消えることはない。

あとがき

研究対象としている地域の通史を書くことは、歴史の学徒にとっては大きな憧れである。このお話をいただいてから喜んで書きはじめたが、実際手を付けてみるとなかなか難しいことに気づいた。どの範囲の領域を扱うかについても、チベットは歴史の中で拡大・縮小を繰り返しているため、その線引きは難しい。古代チベット帝国の軍事力は北は中央アジア、西はバルティスタン、東は一時は唐の都長安を占領するほどの勢威があったが、それらすべてが現在のチベット人居住域ではない。

また、時代についてもどこまでを扱うかの判断が難しい。一九五一年に中国政府がチベットを占領し、本土チベットの歴史は中国史の一部になった（ちなみに、中国政府はさらに過去の歴史についても中華民族の一部である「チベット族の歴史」として書き換えをはかっている）。このことを考慮すれば一九五〇年にチベットは終わったとみなし、通史の筆を擱《お》くという考え方もある。しかし、亡国でチベットの歴史が終焉したとはいえまい。インドに亡命したダライ・ラマ十四世は、難民社会でチベット文化を維持し続けているし、本土チベット人も自らのアイデンティティを中国人と一体とはみなしていない。

このような現実を踏まえ、本書では基本はラサを中心とするチベット高原上の歴史をメインとし、加えて、他民族(モンゴル人、満洲人、欧米人)、他国であっても、チベット本土にある政権やチベット文化が、大きな影響を与えた場合については、その民族ないし国との関係に言及している(ただし、ブータン、シッキム、雲南、東チベット地域に住むチベット語話者の歴史については焦点がぶれるため触れなかった)。さらに、時代としては現在のチベット人が自らの歴史と認識している古代から現代までを対象とした。

著者はよく「チベットは今後どうなってしまうんでしょう」という質問を受けるが、そのさいには「仏教の歴史は二五〇〇年であり、中国共産党の歴史よりはるかに長い」というダライ・ラマ十四世の言葉をもって答えることにしている。この言葉が示しているように、亡国の後チベットがここまで存続できたのも、また将来存続するカギも、仏教思想のもつ普遍性によるところが大きい。しかし、古代から現代までチベットと深い関係にあるインドとの関係について深く掘り下げることができなかったのは心残りであった。

参考文献については、大方の読者が読める言語で書かれたもののみを掲げたので、より専門的にチベット文の史料を探したい方はこれらの文献に記載されている参考文献を参照されたい。

末筆になったが、チベットやモンゴルの写真を快く使用させてくださったダライ・ラマ法王日本代表事務所、渡部秀樹、柳澤明、池尻陽子の三氏、ならびに編集でお世話になった酒井孝博氏にはこの場を借りて厚く御礼申し上げたい。

二〇二三年春分の日

Ishihama Yumiko & Alex Mckay（eds.）（2022）, *The Early 20th Century Resurgence of the Tibetan Buddhist World: Studies in Central Asian Buddhism*, Amsteldam University Press.

Laurence Austine Waddell（1906）, *Lhasa and its Mysteries: With a Record of the Expedition of 1903-1904*, Methuen & Co.

洋文庫
立川武蔵（2023）『トゥカン『一切宗義』サキャ派の章』東洋文庫
立川武蔵・石濱裕美子・福田洋一（1995）『トゥカン『一切宗義』ゲルク派の章』東洋文庫
ダライ・ラマ著、山際素男訳（2001）『ダライ・ラマ自伝』文春文庫
ダライ・ラマ著、木村肥佐生訳（2015）『チベットわが祖国――ダライ・ラマ自叙伝　新版』中公文庫
チベット中央政権文部省著、石濱裕美子・福田洋一訳（2012）『チベットの歴史と宗教――チベット中学校歴史宗教教科書』明石書店
寺本婉雅著、横地祥原編（1974）『蔵蒙旅日記』芙蓉書房
中沢新一・立川武蔵・田中公明編（1994）『仏教26号　特集チベット』法藏館
羽田野伯猷（1986）『チベット・インド学集成　第一巻チベット篇１』法藏館
羽田野伯猷（1987）『チベット・インド学集成　第二巻チベット篇２』法藏館
平松敏雄（1982）『トゥカン『一切宗義』ニンマ派の章』東洋文庫
旅行人編集部（2002）『旅行人ノート　チベット　第３版』旅行人
Ishihama Yumiko, Tachibana Makoto, Kobayashi Ryosuke and Inoue Takehiko（2019）, *The Resurgence of "Buddhist Government": Tibetan-Mongolian Relations in the Modern World*, Union Press.

参考文献

石濱裕美子（2001）『チベット仏教世界の歴史的研究』東方書店
石濱裕美子編著（2004）『チベットを知るための50章』明石書店
石濱裕美子（2011）『清朝とチベット仏教——菩薩王となった乾隆帝』早稲田大学出版部
石濱裕美子（2016）『ダライ・ラマと転生——チベットの「生まれ変わり」の謎を解く』扶桑社新書
岩尾一史・池田巧編（2021）『チベットの歴史と社会』上・下、臨川書店
大川謙作（2008）「チベット旧社会と「農奴解放」言説」『中国研究月報』62(8): 11-24.
沖本克己編（2010）『須弥山の仏教世界　新アジア仏教史09　チベット』佼成出版社
グレン・H・ムリン著、田崎國彦・渡邉郁子・クンチョック・シタル訳（2006）『14人のダライ・ラマ——その生涯と思想』上・下、春秋社
W. D. シャカッパ著、貞兼綾子監修、三浦順子訳（1992）『チベット政治史』亜細亜大学アジア研究所
デイヴィッド・スネルグローヴ／ヒュー・リチャードソン著、奥山直司訳（1998）『チベット文化史』春秋社
ソナム・ギェルツェン著、今枝由郎監訳（2015）『チベット仏教王伝——ソンツェン・ガンポ物語』岩波文庫
立川武蔵（1987）『トゥカン『一切宗義』カギュ派の章』東

【ら　行】

【や　行】

【ま　行】

【な 行】

【は 行】

【た 行】

【さ 行】

【か 行】

索引

石濱裕美子（いしはま・ゆみこ）

1990年，早稲田大学大学院文学研究科博士後期課程単位取得．早稲田大学教育学部専任講師等を経て，現在，早稲田大学教育・総合科学学術院教授．博士（文学）．専攻，チベット仏教世界（チベット・モンゴル・満洲）の歴史．

著書『図説チベット歴史紀行』（河出書房新社，1999）
『チベットを知るための50章』（編著，明石書店，2004）
『清朝とチベット仏教——菩薩王となった乾隆帝』（早稲田大学出版部，2011）
『ダライ・ラマと転生——チベットの「生まれ変わり」の謎を解く』（扶桑社新書，2016）

訳書『チベットの歴史と宗教——チベット中学校歴史宗教教科書』（チベット中央政権文部省著，共訳，明石書店，2012）
ほか

物語《ものがたり》 チベットの歴史《れきし》
中公新書 *2748*

2023年 4 月25日発行

著　者　石濱裕美子
発行者　安 部 順 一

本文印刷　三晃印刷
カバー印刷　大熊整美堂
製　　本　小泉製本

発行所　中央公論新社
〒100-8152
東京都千代田区大手町 1-7-1
電話　販売 03-5299-1730
　　　編集 03-5299-1830
URL https://www.chuko.co.jp/

Published by CHUOKORON-SHINSHA, INC.
Printed in Japan　ISBN978-4-12-102748-1 C1222

中公新書刊行のことば

一九六二年一一月

いまからちょうど五世紀まえ、グーテンベルクが近代印刷術を発明したとき、書物の大量生産は潜在的可能性を獲得し、いまからちょうど一世紀まえ、世界のおもな文明国で義務教育制度が採用されたとき、書物の大量需要の潜在性が形成された。この二つの潜在性がはげしく現実化したのが現代である。

いまや、書物によって視野を拡大し、変りゆく世界に豊かに対応しようとする強い要求を私たちは抑えることができない。この要求にこたえる義務を、今日の書物は背負っている。だが、その義務は、たんに専門的知識の通俗化をはかることによって果たされるものでもなく、通俗的好奇心にうったえて、いたずらに発行部数の巨大さを誇ることによって果たされるものでもない。現代を真摯に生きようとする読者に、真に知るに価いする知識だけを選びだして提供すること、これが中公新書の最大の目標である。

私たちは、知識として錯覚しているものによってしばしば動かされ、裏切られる。私たちは、作為によってあたえられた知識のうえに生きることがあまりに多く、ゆるぎない事実を通して思索することがあまりにすくない。中公新書が、その一貫した特色として自らに課すものは、この事実のみの持つ無条件の説得力を発揮させることである。現代にあらたな意味を投げかけるべく待機している過去の歴史的事実もまた、中公新書によって数多く発掘されるであろう。

中公新書は、現代を自らの眼で見つめようとする、逞しい知的な読者の活力となることを欲している。

宗教・倫理

2293 教養としての宗教入門 中村圭志
2459 聖書、コーラン、仏典 中村圭志
2668 宗教図像学入門 中村圭志
2158 神道とは何か 伊藤　聡
1130 仏教とは何か 山折哲雄
2135 仏教、本当の教え 植木雅俊
2616 法華経とは何か 植木雅俊
2416 浄土真宗とは何か 小山聡子
2365 禅の教室 藤田一照 伊藤比呂美
134 地獄の思想 梅原　猛
989 儒教とは何か（増補版） 加地伸行
1707 ヒンドゥー教―インドの聖と俗 森本達雄
2261 旧約聖書の謎 長谷川修一
2076 アメリカと宗教 堀内一史
2360 キリスト教と戦争 石川明人
2746 統一教会 櫻井義秀
2642 宗教と過激思想 藤原聖子
2453 イスラームの歴史 K・アームストロング 小林朋則訳
2639 宗教と日本人 岡本亮輔
2306 聖地巡礼 岡本亮輔
2310 山岳信仰 鈴木正崇
2499 仏像と日本人 碧海寿広
2598 倫理学入門 品川哲彦

中公新書

現代史

f1

2105 昭和天皇　古川隆久
2687 天皇家の恋愛　森 暢平
2309 朝鮮王公族―帝国日本の準皇族　新城道彦
2482 日本統治下の朝鮮　木村光彦
632 海軍と日本　池田 清
2703 帝国日本のプロパガンダ　貴志俊彦
2192 政友会と民政党　井上寿一
1138 キメラ―満洲国の肖像（増補版）　山室信一
2144 昭和陸軍の軌跡　川田 稔
2587 五・一五事件　小山俊樹
76 二・二六事件（増補改版）　高橋正衛
2059 外務省革新派　戸部良一
1951 広田弘毅　服部龍二
2657 平沼騏一郎　萩原 淳
795 南京事件（増補版）　秦 郁彦
84 90 太平洋戦争（上下）　児島 襄
2707 大東亜共栄圏　安達宏昭
2465 日本軍兵士―アジア・太平洋戦争の現実　吉田 裕
2387 戦艦武蔵　一ノ瀬俊也
2525 硫《い》黄《おう》島《とう》　石原 俊
244 248 東京裁判（上下）　児島 襄
2015 「大日本帝国」崩壊　加藤聖文
2296 日本占領史 1945-1952　福永文夫
2411 シベリア抑留　富田 武
2471 戦前日本のポピュリズム　筒井清忠
1759 言論統制　佐藤卓己
2171 治安維持法　中澤俊輔
828 清沢《きよさわ》 洌《きよし》（増補版）　北岡伸一
2638 幣原喜重郎　熊本史雄
1243 石橋湛山　増田 弘

中公新書

現代史

f2

2570 佐藤栄作　村井良太
2186 田中角栄　早野透
1976 大平正芳　福永文夫
2351 中曽根康弘　服部龍二
2726 田中耕太郎―闘う司法の確立者、世界法の探究者　牧原出
2512 高坂正堯―戦後日本と現実主義　服部龍二
2710 日本インテリジェンス史　小谷賢
1574 海の友情　阿川尚之
1875 「国語」の近代史　安田敏朗
2075 歌う国民　渡辺裕
2332 「歴史認識」とは何か　大沼保昭　江川紹子
1900 「慰安婦」問題とは何だったのか　大沼保昭
2624 「徴用工」問題とは何か　波多野澄雄
2359 竹島―もうひとつの日韓関係史　池内敏
1820 丸山眞男の時代　竹内洋

2714 国鉄―「日本最大の企業」の栄光と崩壊　石井幸孝
2237 四大公害病　政野淳子
1821 安田講堂 1968-1969　島泰三
2110 日中国交正常化　服部龍二
2150 近現代日本史と歴史学　成田龍一
2196 大原孫三郎―善意と戦略の経営者　兼田麗子
2317 歴史と私　伊藤隆
2627 戦後民主主義　山本昭宏
2342 沖縄現代史　櫻澤誠
2543 日米地位協定　山本章子
2720 司馬遼太郎の時代　福間良明
2649 東京復興ならず　吉見俊哉
2733 日本の歴史問題（改題新版）　波多野澄雄

中公新書

政治・法律